임원으로
산다는 건

임원으로
산다는 건

초판 1쇄 인쇄 2021년 7월 23일
초판 2쇄 인쇄 2021년 12월 15일

지은이 고광모, 강유경, 김남민, 김동윤, 김만수, 김부길, 김한성,
양윤희, 이미현, 이용범, 정진경, 조남철, 한진수
펴낸이 최익성
편집 이현경
마케팅 송준기, 임동건, 임주성, 신현아, 홍국주
마케팅 지원 황예지, 신원기, 박주현, 이혜연, 김미나, 이현아, 안보라
경영지원 이순미, 임정혁
펴낸곳 플랜비디자인
디자인 빅웨이브

출판등록 제 2016-000001호
주소 경기 화성시 동탄첨단산업1로 27 동탄 IX타워
전화 031-8050-0508
팩스 02-2179-8994
이메일 planbdesigncompany@gmail.com

ISBN 979-11-89580-91-9

임원으로 산다는 건

고광모, 강유경, 김남민, 김동윤, 김만수, 김부길, 김한성,
양윤희, 이미현, 이용범, 정진경, 조남철, 한진수

 플랜비디자인

누가 임원이 되는가?

리더십에 대한 정의는 다양하고, 훌륭한 리더가 갖추어야 할 조건도 여러 가지다. 최근에는 뇌 과학적 측면에서 리더십의 본질에 접근하려는 시도가 활발하다. 2018년 스위스 취리히대학의 신경경제학센터 연구팀은 리더십을 '다른 사람에게 영향을 미치는 결정을 감당하는 성향'으로 파악한 바 있다. 리더십은 위험을 감수하거나 돌파하는 능력이라기보다 타인의 운명을 결정할 수 있는 선택을 기꺼이 감당하는 능력인 셈이다.

급변하는 경영환경 속에서 리더의 역할과 중요성은 아무리 강조해도 지나치지 않다. 특히 단위조직을 책임지고 있는 임원의 역할과 책임은 그 어느 때보다 크다고 할 수 있다. 직장인들은 임원이 되고 싶어 하지만, 원한다고 해서 모든 사람이 임원이 될 수 있는 것은 아니다. 상당수 직장인이 임원 후보가 되기도 전에 조직을 떠나고, 후보가 되더라도 막상 임원이 되기는 쉽지 않다. 사실 직장인들은 몇 가지 오해와 환상 때문에 임원을 선망하기도 한다. 그러나 임원은 사람들이 기대하는 것처럼 화려한 자리도 아니고, 마음껏 권력을 휘두를 수 있는 지위도 아니다.

이 책의 저자들은 기업에서 HR 또는 리더로 일한 경험을 갖고 있거나 인재육성 분야에서 현장 경험이 풍부한 HR 전문가들이다. 저자들은 기업에서 진행하는 각종 HR 프로젝트에 참여하면서 사원에서 시작하여 임원의 자리에 오른 이들의 특성을 분석해보고 싶었다. 그들은 어떤 역량과 노력으로 임원이 될 수 있었을까? 만일 임원들에게서 공통적인 특성들을 찾아낼 수 있다면 현직에서 일하는 임원들은 물론, 조만간 임원이 될 조직의 리더들에게 많은 도움이 될 것이다.

임원들은 자신의 역량만으로 그 자리에 올랐을까? 남다른 노력과 준비가 필요한 것은 아닐까? 만일 임원이 되기 위한 준비가 필요하다면 어떤 준비를 어떻게 해야 할까? 임원이 되었을 때 그들이 느끼는 감정은 무엇일까? 대부분의 직장인들이 이런 궁금증을 가지고 있을 것이다. 저자들은 이런 의문에 답하기 위해 20여 명의 임원들을 만나 인터뷰를 진행하였다. 인터뷰에 응한 이들은 대기업과 중견기업에서 임원을 지냈거나 현재 임원으로 활동하고 있다. 이들은 제조, 통신, 건설, 금융, 제약 등 다양한 업종에서 상무에서 부사장까지 임원을 지낸 경험을 가지고 있다. 또 국내기업뿐만 아니라 글로벌 기업에서 일한 경험도 가지고 있다.

임원이 되고 나면 성취감 같은 행복감도 느끼지만 스트레스도 많고 고민도 깊다. 임원들은 치열한 경쟁과 책임감 속에서 어떻게 스트레스를 극복하고 업무성과를 올리는 데 필요한 노하우를 축적했을까? 또 퇴임 이후에 그들이 느끼는 감정은 무엇일까? 기업 조직의 정점에 오른 이들에 대한 앞선 질문들 하나하나에 대한 답을 찾아가는 과정 속에서 나온 사례와 경험은 평생 직장이 아닌 평생 직업을 가져야 하는 우리에게 시사하는 점이 크다. 저자들은 여러 궁금증에 대한 답을 전직 또는 현직에 있는 임원들의 사례와 경험 속에서 찾아보고자 하였다. 그것이 더 나은 리더로 성장하려는 사람들에게 실질적인 도움이 될 것이기 때문이다. 부디 이 책이 미래의 리더로 성장하는 세대들에게 자신의 역량을 성찰하고 무엇을 준비해야 하는지 뒤돌아보는 계기가 될 수 있기를 기대한다. 끝으로 바쁜 일정에도 후배 임원들을 위해 흔쾌히 인터뷰에 수락해주신 20명의 전현직 임원 분들께 지면으로나마 감사의 마음을 전한다.

저자들을 대표하여 고광모

〈임원으로 산다는 건〉 필진 소개

고광모
서울대학교 사회학 및 동대학 경영대학원을 졸업한 후, SK건설, 행동과학 컨설팅, 한국능률협회의 컨설턴트를 역임하고, 현재 ㈜다산이앤이의 대표로 활동하고 있다. 국내에 시뮬레이션과제를 기반으로 하는 A/DC의 도입, 확산에 20여 년간 기여하였다. 주요 공공조직의 역량평가를 통한 승진 공정성 확보는 물론, 민간기업의 자아성찰을 통한 리더십 육성에 노력을 기울이고 있다.

강유경
30여 년간 전자 IT분야의 외국계 기업에서 마케팅, 영업 임원 및 지사장의 업무를 수행하면서 리더십과 소통에 관심을 가지게 되었다. 오랜 기간 현업에서 쌓은 경험을 바탕으로 중소기업 경영자, 대기업 및 공공기관 임원들을 대상으로 비지니스 코칭 및 역량평가사로 활동을 하고 있다. 경북대학교에서 전자공학, 서강대 경영대학원을 졸업하였다.

김남민
30여 년간 HR업무 수행해 오고 있다. 국내외 기업에서 18년 동안 HR 실무를 했던 경험을 토대로, 2008년부터 인사관리와 리더십 강의 및 컨설팅으로 기업의 발전과 직원의 성장에 도움을 주고 있다. 2021년 6월 현재 67개 기업과 공공기관에 인사제도 컨설팅 진행하였다. 현재 ㈜피오피컨설팅 대표컨설턴트이며, 경영지도사로 활동하고 있다. 경영학 박사과정을 수료하였으며, '인적자원관리전략' 책을 썼다.

김동윤
KAIST에서 석사와 워싱턴 주립대에서 MBA를 전공하였다. 두산그룹에서 전략, 기획, 인사 업무를 수행하였으며, 두산그룹의 역량평가제도와 운영 IT시스템을 개발하여 국내 및 해외 계열사에 역량평가제도를 전파하였다. 두산그룹 전력기획본부에서 그룹 임원인사평가를 담당하였으며 두

산인프라코어 인사팀장과 풍인무역 임원을 역임하였다. 현재 (유)피스랜드 대표이며 (주)다산이앤이와 한국바른채용인증원에서 수석전문위원으로 활동하고 있다. 역량평가제도 개발, 역량평가(AC/DC) 및 채용면접, 채용경영시스템 인증 등의 분야에서 전문가로 활동하고 있다.

김만수

알아차림코칭센터 대표이며 국제코치연맹 한국지부 고문으로 활동중이다. LG전자 러닝센터에서 22년 동안 역량개발 관련 교육, 코칭, 강의를 하였고, 퇴직 후 지금까지 13년 동안 조직의 임원 등 리더 대상으로 리더십 코칭을 해오고 있다.

김부길

대우중공업 엔진 생산기술과장, 두산인프라코어 HR팀장과 글로벌액션러닝그룹 기업교육센터장을 지냈다. 현재는 KC퍼실리테이션리더십 대표이며 조직개발과 리더십 개발, 인사 및 성과관리 컨설팅에 힘쓰고 있다. 기계공학과 경영대학원 MBA 출신으로 현재 HRD 박사과정에서 수학 중이며, 한국액션러닝협회 상임 이사이다.

김한성

SK에서 인재육성과 인력관리를 담당하였으며, (주)다산이앤이에서 기업교육과 역량평가 및 인사컨설팅을 경험하였다. 사람에 대한 관찰과 역량에 대한 성찰을 통해 인력의 미래 성장을 지원하고 있다. 연세대에서 경영학을 전공하고 University of Minnesota에서 HRD를 공부했다. 현재 (주)다산이앤이에서 전무로 재직하고 있다.

양윤희

다양한 글로벌 기업 및 국가에서 30여년 간 커뮤니케이션 관련 업무를 수행했다. 현재 (주)휴커뮤니케이션즈 대표로 경영자 전문 코칭과 커뮤니케이션 컨설팅 및 역량교육을 통해 리더들의 성장과 소통을 돕고 있다. 이화여자대학교에서 영어교육학을 전공하고, 캐나다 McGill 대학교에서 MBA를 받았다.

이미현

국내외 기업과 컨설팅 회사에서 다양한 경력과 경험을 쌓았다. 인간에 대한 관심과 통찰력을 토대로 기업 및 학교를 대상으로 리더십 워크숍과 코칭을 진행하고 있다. 함께 성장하고 서로 긍정적 영향력을 높여 보다 나은 세상을 만드는 것이 삶의 목적이다. 고려대학교에서 영어교육학을, 헬싱키 경영대학원에서 경영학을 전공했다.

이용범

작가. 동국대와 성공회대 등에서 겸임교수를 지냈다. '1만년 동안의 화두', '인간 딜레마', '시장의 탄생', '자유주의 신화', '파충류가 지배하는 시장' 등 30여 종의 저서를 출간했다. 현재 마이다스아이티(주) 상무이사로 재직중이다.

정진경

대기업, 중소기업의 관리자 및 CEO를 경험하며 힘들었던 리더십의 도전을 극복하는 과정에서 사람들이 자기 다움을 알고 리더로의 삶을 선택하도록 돕겠다는 삶의 미션을 발견하였다. 15년 넘게 강의, 개인 및 그룹 코칭, 퍼실리테이션, 컨설팅의 방법으로 기업의 모든 구성원들이 리더로 성장하도록 도우며 Here & Now 감사와 행복을 나누고 있다. 현재 경영학박사를 마치고 경기대학교 겸임교수, (주)오피플 대표로 재직중이다.

조남철

20여년간 기업강의, 역량개발(DC), 상담, 코칭을 병행하면서, 개인과 기업의 잠재된 가능성을 발견하고 실현할 수 있도록 도움을 주는 일을 하고 있다. 사람의 마음에 대한 깊이 있는 통찰과 따뜻한 공감으로, 내면의 장애를 극복하고 성장하는 삶으로 나아가게 도와주는데 특별한 재능과 강점이 있다. '사람은 어떻게 성장하는가'란 책을 썼다.

한진수

LG에서 20여 년간 HRD와 조직개발 업무를 담당한 후 역량평가/개발(A/DC) 컨설팅사를 거쳐 현재 Lab4DX(주)에서 디지털 세상을 살아가는 기업과 개인에게 디지털 기술과 통합적 상상력을 제공하는 교육과 컨설팅을 하고 있다. 경영학박사로 통합이론 방법론 적용을 연구하면서 개인과 조직의 지속적인 성장을 돕는 활동에 기여하고 있다.

CONTENTS

BEING AN EXECUTIVE

제 1 장

임원이 된다는 것

임원이 되는 수 0.8

직장인이라면 누구나 임원을 꿈꾸지만 모두 될 수 있는 것은 아니다. 사원으로 입사해 임원이 될 확률은 얼마나 될까? 단 0.8%이다! (출처기업 분석 전문 한국CXO연구소 2018년 11월 발표 자료 '국내 100대 기업 직원 수 대비 임원 비율 현황 분석') 임원은 1%가 안 되는 좁은 문을 통과한 사람이다. 이만한 업적을 달성한 사람은 얼마큼의 노력을 들었고, 어느 정도의 운이 필요했을까? 다양한 업계에서 활발하게 활동한 20여 명의 전 현직 임원들에게 임원에 관한 A to Z를 들었다.

Q 당신은 어떤 직원이었습니까?

임원들은 임원이 되기 위해 특별한 준비를 하기보다는 열심히 일하다 보니 자연스럽게 됐다고 말한다. 그들이 공통적으로 말하는 열심히 일하는 것이란 철저하게 성과 중심적으로 일하고, 경력관리를 하면서 원하는 일을 하기 위해 노력하는 것이었다.

저는 가치를 찾는 직원이었어요.

유럽주재원으로 근무할 때였어요. 상품과 시장 조사 등을 보고서로 만들어 올려야 하는 경우가 많죠. 보통은 보고서를 쓰기 위해서 컴퓨터 앞에 앉아 있지만, 저는 인터넷 검색만 하면 주르륵 뜨는 자료 보다는 좀 더 생생한 보고서를 만들고 싶었어요. 유럽 시장을 직접 경험하고 있는 저의 생생한 보고서가 더 가치 있을 거란 생각을 했죠. 보고서를 정말 발로 썼어요. 이곳 저곳을 뛰어다니면서 만들었죠. 그 보고서는 지역 법인장을 거쳐 CEO한테까지 전해졌고, 보고서의 표준이 됐어요. 본사의 사업단 두 곳은 저를 데려가기 위해서 CEO에게 타당성까지 어필했다고 하더군요. 덕분에 생각보다 주재원 생활을 빨리 마치고 가전 상품기획 팀장으로 일하게 됐습니다. CEO를 비롯해서 임원들이 저를 알아봐 주기 시작한 게 그때였던 거 같아요.

저는 기술력을 가진 직원이었어요.

사실 임원이 되기까지 노력과 운이 함께 작용했어요. 제가 맡은 분야에서 저만큼 높은 기술력을 가진 사람은 많지 않았거든요. 하지만 제 분야에서 최고가 되기 위해서 노력을 많이 했습니다. 기술력이 받쳐주니 현업에 필요한 사항을 만족시키는 프로세스 도입을 생각해낼 수 있었죠. 그렇게 회사에 꼭 필요한 기술개발에 성공했어요. 덕분에 최우수직원으로 뽑히면서 임원승진의 기회를 얻게 됐어요. 옛날엔 최우수직원을 임원으로 승진시키는 제도가 있었거든요.

저는 허투루 하는 일이 없는 직원이었어요.

예전부터 지금까지 모든 일을 철저하게 성과 위주로 합니다. 제가 생각하는 성과는 모든 일을 의미 있게 해내는 거예요. 어떤 일을 잘 마무리 짓고도 "이거 왜 한 거야?" 이런 생각이 들지 않게요. 지원부서에서 일했을 때인데 당시 고객의 요구를 철저히 수용해 높은 수준의 서비스를 제공했어요. 서비스 하나, 하나에 의미가 있었어요. 필요한 분께 필요한 서비스를 한 거였는데 고객들이 정말 감동했죠. 차원이 다른 서비스에 대해서 고객들의 입소문이 퍼지고 흔히 말하는 좋은 성과와 수익성이 나면서 주목받는 직원이 됐습니다.

REVIEW

사원 100명 중 0.8명이 임원이 된다. 0.8이라는 숫자를 사람의 머릿수로 생각하면 한 사람이 될까 말까 한 애매한 숫자지만 '0.8%의 다름'으로 생각해보면 다른 의미로 다가온다. 이 세상에는 단 한 사람도 똑같은 사람이 없지만, 회사에 입사하면 99%가 비슷한 노력을 한다. 임원들의 인터뷰를 살펴보면 똑같은 노력을 한 사람이 단 한 명도 없다. 그러한 남다름이 0.8%의 임원을 만드는 것이 아닐까? 이 세상 Only One 인 당신도 분명 그런 다름이 있을 것이다.

Q 임원이 되는 것이 목표였습니까?

대기업 전자회사 K 전무
호기심이 꿈을 이끌기도 하더군요.

저는 연구소 출신이지만 사업이 하고 싶어서 기술영업에 뛰어들었어요. 그리고 제가 개발한 제품이 제대로 작동되는 것을 보면서 소비자 반응은 어떨지 정말 궁금했거든요. 영업 현장에 나가서 바이어들을 만났습니다. 미술관에서 작품 설명을 큐레이터에게 듣는 것과 작가에게 듣는 것이 다르듯이, 제품 설명도 개발자인 제가 하는 것이 영업 직원들이 하는 것과는 차원이 달랐겠죠. 또 기술적인 문제도 그 자리에서 해결해주었고요. 바이어들이 정말 좋아했어요. 저도 보람이 있었죠.

대기업 전자회사 임원 K
인생은 목표한 대로 흘러가지 않지만 결국 원하면 닿게 돼 있습니다.

입사 전부터 연구 개발 최고 자리인 연구소장이 되는 게 목표였어요. 그러려면 박사학위가 있는 것이 좋겠다는 생각에 외국 박사과정에 들어갈 준비를 마치고 떠나려는데 입사 제의가 왔죠. 처음에는 3년만 일하고 진로를 정하려고 했어요. 하다 보니 회사 일이 재미있어서 계속 머물게 됐지만, 목표는 잊지 않았습니다. 그 후에 박사과정도 시작했어요. 바쁘고 어려웠는데 내 목표를 이뤄가는 과정이라고 생각하니까 놓치기 싫었어요. 꼭 이겨내고 싶었죠. 결국 입사 전 목표대로 이 분야 최고의 연구소에서 연구소장으로 일을 하고 있습니다.

하다 보면, 쌓다 보면 결국에는 보상이 돌아옵니다.

저는 입사를 하면서 경력과 경험을 많이 쌓아야겠다고 생각했어요. 언젠가 반드시 무기가 되어줄 거라고 생각했죠. 영업, 개발, 생산 등 주요 부서에서 일하는 건 당연했고요. 그러면서 상품기획팀에 잘 맞는다는 걸 알았어요. 여러 지역에서 경험을 쌓았죠. 유럽 주재원으로 일하다가 다시 돌아와서 다시 상품기획 담당을 했어요. 제 예상이 맞았죠. 경험과 경력은 무기가 됐습니다. 목표가 명확하지 않아도 경험을 쌓아가면서 제가 해야 할 일을 알았고 결국 지금의 위치에 있을 수 있었으니까요.

성실하게 한 계단씩 올라가다 보면 기회가 오더라고요.

처음부터 임원이 목표라기보다는 경력관리를 잘해야겠다고 생각했어요. 두 가지 목표를 세웠어요. 전문성 향상과 네트워크 구축. 나름대로 공을 많이 들였는데 핵심 사업이 바뀌고 조직과 환경에 큰 변화가 있었죠. 승진 기회가 찾아오지 않았어요. 직무 변경도 원했는데 그마저도 제 뜻대로 되지 않았고. 목표를 멀고 높게 잡았다면 너무 힘들었을 거예요. 원래 제 목표대로 경력관리를 충실히 했죠. 그랬더니 결국 기회가 생기더군요. 제 전문성과 책임감을 눈여겨본 다른 나라 상사의 추천으로 기회가 되어 승진을 할 수 있었습니다.

임원들의 목표는 원대함에 있는 것이 아니었다. 현재에 최선을 다하는 것, 조금이라도 앞으로 나아가는 것 등 작지만 분명한 목표가 있었다. 목표는 크기에 있는 게 아니라 방향에 있다.

Q 임원이 되기 전, 당신은 회사에서 어떤 노력을 했습니까?

임원들은 전문지식과 역량 향상을 위해 끊임없이 노력했다. 목표는 하루아침에 달성되지 않는다. 누구나 서툴고 어리숙한 초보 시절을 겪는다. 임원도 마찬가지였다. 열정과 의지는 넘쳤으나 역량과 경험은 부족했다. 하지만 걸음마를 거쳐야 어른이 될 수 있듯이 시행착오를 슬기롭게 극복한 사람만이 성공할 수 있다.

공공기관 임원 L

전문성과 근성을 키웠어요.

입사 초기에 컴퓨터 기술 관련 업무를 담당했어요. 좀 더 전문성을 갖추기 위해서 전자공학 기술 관련 석사, 박사학위를 취득했죠. 영어 공부는 지금까지 꾸준히 하고 있어요. 사실 늦은 나이에 학위 과정을 시작하면서 많이 힘들었어요. 젊은 학생들과의 경쟁이 쉽지 않기도 했고, 당시 금전적인 어려움도 있었어요. 아내로서, 엄마로서 가정생활도 병행해야 했죠. 그야말로 몸이 열 개라도 모자랄 지경이었어요. 그런데 조금씩 상황이 나아지는 걸 보면서 '잘 해내고 있구나!' '열심히 살고 있구나!' 하는 보람을 느낄 수 있었어요. 웬만한 어려움이 와도 난관이라고 생각되지 않을 만큼 근성이 생겼죠. 회사에서 인정받기 위해서 시작한 노력이었지만, 오히려 저한테 좋았어요. 한계를 극복하고 제 능력을 확인하게 됐으니까요.

대기업 전자회사 임원 K

전문지식을 쌓고, 리더십 공부를 했어요.

저는 부장으로 승진한 40대 초반에 자비로 박사과정을 시작했어요. 우리 연구소에서 좀 더 중요한 역할을 하고 싶었어요. 연구 개발과 관련된 전문지식을 충분히 갖추려면 학위가 필요했죠. 또 리더십에 대해서도 고민하고 공부를 했습니다. 그런 노력이 통해서 지금은 수백 명의 박사가 근무하는 연구소를 대표하고 있어요. 그런데 전문지식을 쌓고 공부하는 것은 에너지와 자원이 필요한 일이죠. 낭비 없이 꼭 필요한 경우에 하는 것이 좋다고 생각합니다.

민간 통신사 임원 A

우리 회사에 특화된 전문역량을 키웠죠.

역량 개발을 할 수 있는 방법은 학위 취득 말고도 많아요. 저는 사내 교육시스템을 적극 활용해서 덕을 본 사람이죠. 3년 동안 사내에서 진행하는 각종 교육프로그램을 이수했어요. 영업 교육이나 생산 현장 교육 외에도 회계와 인사 등 다양한 교육을 받았어요. 교육을 받을 때는 이런 것까지 알아야 하나 싶은 생각이 들었지만, 임원이 된 후에 많은 도움이 되고 있어요. 저에게는 학위보다 더 필요한 게 현장 경험과 우리 회사만의 시스템에 대한 것이었어요. 지금은 회사 차원의 교육 외에도 개인적으로 공장 관리에 관한 공부를 꾸준히 하고 있습니다.

전 현직 임원들은 역할수행에 필요한 전문지식 쌓기와 역량 향상을 위한 노력을 게을리하지 않는다. 이러한 노력의 핵심은 현재 일하는 조직에 뼈를 묻겠다는 생각보다는 자신이 브랜드가 되고 전문가로서 누군가에게 도움을 줄 수 있는 역량을 쌓겠다는 생각이다.

Q 당신의 일에 대한 열정은?

임원들은 일에 대한 열정과 자신의 역할에 최선을 다하는 태도가 갖추어지지 않았다면 임원이 되지 못했을 것이라고 말한다. 그들은 필요하다고 생각되면 영역 밖의 일도 기꺼이 수행했다.

글로벌 제약회사 임원 L
꾸준히 할 수 있는 저만의 일을 만들었어요.

과장 시절에 매일 업계의 소식을 찾아보고 사내 다른 사람들과 주요한 정보를 공유했죠. 제가 필요해서 한 일이지만 혼자 보기 아까워 나누었는데 알고 보니 CEO가 열렬한 구독자였어요. 나중에 그 CEO는 여러 핵심 인재들과 스터디그룹을 만들었는데 자연스럽게 저도 멤버로 초대됐죠. 거기서 보고, 듣고, 배우는 게 많았어요. 또 CEO 가까이서 여러 프로젝트를 수행하면서 인정을 받아 임원이 될 수 있었죠. 열정이라고 하면 흔히 불타올라야 할 거 같지만 제 열정은 '매일 꾸준히 즐기기' 였던 거 같아요. 내게 필요한 일, 매일 즐겁게 할 수 있는 일을 찾는다면 저절로 열정이라는 게 생기는 게 아닐까 해요

대기업 IT회사 임원 J
정면 돌파했어요.

저는 조직의 유리천장을 깨기 위해서 무던히 노력했어요. 사내(社內)에 여성 직원이 많지 않던 시절에 직장생활을 시작했죠. 남성 직원들 사이에

서 어떻게 살아남아야 할까 고민을 많이 했어요. 많은 방법이 있지만, 저의 선택은 정면 돌파였어요. 길게 회의하다가 잠깐 휴식 시간이 지나고 나면 이전에 논의됐던 내용이 싹 바뀌곤 했어요. 휴식 시간 동안 흡연을 하면서 오간 잠깐의 대화가 영향을 끼친 거죠. 황당하고 이해가 안 됐지만 제가 할 수 있는 일을 했죠. 흡연 장소에 따라갔어요. 담배를 피우지 않아도 얘기는 할 수 있으니까요. 제 얘기에 귀 기울이게 만들기 위해서 끈질기게 움직이고, 부지런히 앞서 나갔어요. 저는 의견을 관철하기 위해 별일을 다 했지만, 후배들은 저와 같은 상황을 겪지 않도록 해줘야겠죠. 이젠 임원으로서, 선배로서 일하기 좋은 환경을 만드는 게 제 역할 같아요.

REVIEW

임원들은 일에 대한 열정과 자신의 역할에 최선을 다하는 태도가 갖추어지지 않았다면 임원이 되지 못했을 것이다. 그들은 필요하다고 생각되면 영역 밖의 일도 기꺼이 수행했다. 운이 좋아 임원이 되었다고 얘기하는 사람도 많다. 성공 확률 0.8%의 좁은 문으로 들어가는데 운을 완전히 무시할 수는 없을 것이다. 하지만 운은 아무에게나 찾아오지 않는다. 운은 준비된 자에게 온다. 정리해 보면 임원들은 공통점을 가지고 있다. 그들은 뚜렷한 목표를 세워 열심히 일했고, 목표에 집중해 성과 중심적으로 행동했고, 배움을 게을리하지 않았다. 그들은 준비된 사람들이었다.

Q 당신이 임원이 되기 전으로 돌아간다면 무엇을 준비 하시겠습니까?

임원은 개인의 능력뿐만 아니라 다양한 인맥과 리더십이 자산이다. 특히 폭넓은 인적 네트워크를 갖는 것과 사람에 대한 이해는 하루아침에 이룰 수 있는 것이 아니어서 임원이 된 후 가장 아쉬워한다.

대기업 전자회사 K 상무
기회는 사람과 함께 옵니다.

상품기획 테스크포스팀에서 활동하면서 해외 법인장과 좋은 관계를 맺었어요. 그 덕분에 해외 근무의 기회가 열렸는데 영업 경험이 없다는 이유로 기회를 날릴 위기였죠. 그때 한 영업 담당 임원이 1년 동안 영업을 경험할 수 있게 해줬어요. 그때 알았습니다. 기회란 나 혼자만의 힘으로 생기지 않는다는 것을요. 제게 주어진 모든 기회가 소중해졌죠. 해외 근무 시 중요한 역할이 무엇인지 핵심을 파악했어요. 시장 동향 파악과 보고를 탁월하게 수행해서 저의 상사가 CEO에게 인정받을 수 있도록 했어요. 상사가 인정받는다는 건 곧 저도 인정받는다는 거였죠. 실제로 그 덕에 예정보다 2년 일찍 본사로 들어와서 새로운 사업부의 상품기획팀장을 맡게 됐어요. 누구나 치열하게 일을 하죠. 거기에 저는 좋은 관계를 맺을 줄 알았어요. 좋은 관계에 필요한 열정은 딱 36.5도면 됩니다. 사람의 귀함을 일찍 알았기 때문에 제 열정의 일부를 사람에게 투자할 수 있었던 거죠. 앞으로 다가오는 세상은 더욱더 따뜻한 리더십이 필요한 세상이에요. 주변을 살

퍼서 필요한 걸 내놓을 줄 아는 훈훈한 열정을 가졌으면 합니다.

금융회사 임원 J

진정성을 가진 소통 능력이 필요합니다.

사원 시절에 몸담고 있던 팀에서는 팀장 승진이 어려울 거 같아서 팀을 옮겨야겠다고 생각했어요. 업무를 잘하고 있었지만 다른 부서로 이동을 신청했죠. 그때 상사가 팀을 옮기는 이유에 관해서 묻길래 솔직히 말했어요. 팀장 경험을 쌓고 싶다고 했죠. 그때부터 상사는 저를 더욱 눈여겨봤던 거 같아요. 회사에서 일을 잘하는 건 기본적인 소양이에요. 인적 네트워크를 형성하려면 진정성이 필요한 거 같아요. 제 비전을 솔직하게 말하고 이해해 줄 수 있는 사람을 만난다면 충분히 성장할 수 있는 계기가 되는 거죠. 그때 그 상사의 위치가 되고 보니 직원들과의 상호작용도 중요해요. 이해가 일치되는 부분이 있다면 서로 주고받으면서 충분히 윈윈(win-win) 할 수 있는 거죠.

대기업 건설회사 임원 S

실전 연습이 필요합니다.

임원이 되기 전부터 상사의 입장에서 생각하는 것을 중요하게 생각했어요. 처음 현장에 가면 정말 아무것도 모릅니다. 리더가 되려는 사람은 자신이 리더가 되었을 때 무엇을 할 수 있는지, 무엇을 할 것인지 생각해야 하죠. 그래서 지금도 직원들에게 당신이 과장이라면, 또는 소장이라면 어떻게 하겠는지, 그들이 무엇을 원할 것인지 생각해보라고 말합니다. 물론 저는 임원으로서 내가 지금 CEO라면 어떤 고민을 할지 생각하곤 합니다.

임원이 된 후 후회하는 것과 미리 준비하지 못해 아쉬운 것에 관해 물었을 때, 임원들에게서 가장 많이 나온 대답은 폭넓은 네트워크를 구축하지 못한 것이었다. 대부분의 임원은 임원이 되기 전으로 돌아간다면 대인관계에 더 많은 공을 들였을 것이라고 말했다. 지위가 높아질수록 인적 네트워크가 점점 더 중요하다. 업무와 직접 연관이 없더라도 필요할 때가 있다. 사람에 관한 공부를 더 했으면 좋았을 것이라는 대답도 있었다. 사람을 알아야 나를 알고, 나를 이해해야 타인을 이해할 수 있기 때문이다. 임원들은 조직이 커짐에 따라 네트워크 관리가 더욱 절실해진다고 입을 모은다. 다른 공부보다도 사람 공부가 가장 어렵다고 한다.

BEING AN EXECUTIVE

제 2 장

임원,
고지가 보인다

Q 임원이 될 수 있다는 걸 언제 알 수 있었습니까?

📑 성과를 크게 인정받았을 때

글로벌 제약회사 P 전무

변화와 혁신의 중심이었어요.

일하면서 기존에 해왔던 방법들이 지금 상황에도 똑같이 적용되는지 항상 의문을 가졌어요. 더 효율적인 방법을 찾으려고 노력했죠. 전국의 영업 지점을 돌면서 직원들에게 '과학적인 영업'을 교육하였습니다. 성장전략에 부합하는 영업 목표를 수립하기 위해서입니다. 지점별로 영업 목표 할당에 상대적인 시장 점유율을 반영하였습니다. 상대적인 시장 점유율이란 현재의 시장 점유율 기준이 아니라 남아 있는 시장 점유율을 중심으로 영업 목표를 할당하는 개념입니다. 직원들에게 지난해보다 추가적인 성장 목표를 수립하라고 하면 99%의 직원은 자신의 시장 점유율이 1등이므로 더 팔 곳이 없다고 반응합니다. 따라서 시장세분화 전략, 포지셔닝 전략 및 고객 타케팅 전략에 대해 설명하고, 설득을 통해 시장 점유율 확대 중심의 영업 플랫폼을 구축했어요. 새로운 비즈니스 모델이라서 직원들의 불만이 있었지만, 변화와 혁신을 위해서 필요한 일이었죠. 이런 노력이 조직 내에서 높은 평가를 받았어요. 매트릭스 조직으로 구성된 회사에서는 CEO 단독으로 임원을 승진시킬 수 없죠. 다른 임원들의 피드백과 동의가 중요합니다. 이런 분위기에서 제가 임원 대상자로 선정될 수 있었던 것은, 다른 임원들도 제가 하는 일을 인정하고 지원하고 있었다는 의미였어요.

그런 과정을 겪으면서 저도 임원이 될 수 있다는 걸 알았죠.

대기업 전자회사 임원 L

회사에 큰 수익을 안겨줬어요.

회사 구조상 팀장 정도까지 바라볼 수 있지 않을까 생각했어요. 제가 임원을 바라볼 수 있게 된 계기는 새로운 기술개발을 통해 5,000억 규모를 수주하게 됐어요. 회사에 큰 수익이 되는 일이었죠. 그때 우수사원으로 선정이 되었어요. 우수 사원에게는 임원 승진의 기회를 주는 회사 제도가 있었거든요. 반드시 임원이 되는 것은 아니었지만 나도 임원이 될 수 있겠다는 생각이 들었죠. 그런 계기가 생기니까 임원을 향한 준비를 하게 되더라고요.

 중요한 역할을 맡아 성공했을 때

대기업 전기회사 K 전무

핵심 인재로 교육을 받은 후 역량을 발휘하려고 했어요.

저는 회사 내에서 여러 가지 업무를 최대한 많이 해내고 싶었어요. 80년 대 초만 하더라도 기술 분야에서 일하던 사람 중에 석사학위를 가진 사람이 많지 않았어요. 일하던 연구소에서는 핵심 엔지니어를 키우기 위해 대학원 석사과정을 보내 주었죠. 기술이 발전하면서 회사 내에서도 전문인력의 교육과 양성이 요구되었어요. 회사에서 대학원 진학을 지원해 준 것은 저를 임원으로 키우기 위한 것이 아니라 핵심 엔지니어를 육성하기 위한 것이었어요. 다만 저는 그 기회를 최대한 살렸어요. 다양한 사람들을 만나고, 배우면서 역량을 키웠죠. 핵심 엔지니어로서 제 역량을 한창 발휘하던 중에 부회장에게서 갑작스럽게 전화를 받았어요. "당신, 뭐 좀 해야겠어!" 이렇게 말했죠. 그때 제 나이가 46살이었어요. 임원이 되기에 좀 이른 나이라서 좀 믿기 어려웠지만, 임원으로 승진된 것을 알아차리고 놀랐습니다.

대기업 전자회사 임원 K

경험이 풍부한 해결사였어요.

보통 임원이 되기 전에 소문이 먼저 돕니다. 누군가의 귀띔이 있을 때도 있고요. 하지만 저는 전혀 그런 게 없었어요. 특별한 시그널이 없어서 임원 승진에 대한 기대가 전혀 없었습니다. 인사발령 명단을 보고 그 사실을 알았죠. 저는 연구소 소속 직원이었지만 무슨 일이든 마다하지 않았어요. 인사부장, 공장 생산 담당, 기술기획 등 본사와 연구소, 생산공장을 넘나들며 다양한 경험을 쌓았죠. 또 회사에 중요한 이슈가 있을 때마다 TF 팀을 맡아 다양한 프로젝트를 진행했어요. 연구소에 앉아 있어도 회사가 어떻게 돌아가는지 한눈에 알 수 있을 정도였죠. 예를 들어서 본사에서 어떤 프로젝트를 빨리 추진해야 한다는 요청이 오면, 그것이 결정되기까지의 배경과 현재 진행 상황을 꿰뚫어 볼 수 있었어요. 또 누가 이 일을 주관할 것인지, 앞으로 진행 절차는 어떻게 될 것인지 한눈에 파악할 수 있었죠. 연구소에 입사해서 저만큼 사내 각 부서를 많이 돌아다녀 본 사람은 없었을 거예요. 일을 맡다 보니 그렇게 됐어요. 승진을 바라고 한 일들이 아니라서 임원 승진 발표가 났을 때 꽤 놀랐습니다.

대기업 건설회사 임원 S
위기에 빠진 회사를 위해 동분서주했어요.

회사가 법정 관리에 처하자 정식 임원이 아닌 대외증명 임원으로 발탁되어 들어갔습니다. 임원 아닌 임원 상태였죠. 회사의 규모가 많이 줄어든 상태에서 대외활동을 하려면 팀장이나 부장 직책으로는 비즈니스가 어려웠기 때문이었어요. 등기상으로는 임원 명부에 등재되어 있지 않지만 어려움에 빠진 회사의 대외증명 임원을 하면서 회사를 살리기 위해 열심히 일했어요. 그렇게 2~3년이 지날 무렵, 회사가 정상화가 됐어요. 정해진 건 아니었지만 자연스럽게 정식 임원이 될 수 있을 거라는 생각을 했습니다.

공공기관 임원 L
조직에 깊은 인상을 남겼어요.

연구원으로 일하던 시절 행사를 주관하는 책임을 맡게 됐어요. 늘 관례대로 하던 행사를 180도 바꾸어 보기로 했죠. 콘텐츠와 행사 형식에 차별성을 주고, 작아도 강한 인상을 남길 수 있는 'wow impact'를 상사에게 보여줘야겠다고 생각했어요. 이왕 하는 행사 형식적으로 하지 말고 글로벌 행사로 추진하자고 상사에게 제안했어요. 성공적으로 행사를 마치고 상사에게 인정받으면서 자연스럽게 신뢰 관계가 형성된 것을 느꼈어요. 순간 '아, 나도 임원이 될 가능성이 있겠구나!'라는 생각이 들었죠.

꾸준히 성장하고 성과를 내고 있을 때

글로벌 IT회사 임원 K
강점을 이용해서 높은 성과를 냈어요.

제 강점은 친화력이에요. 엔지니어 출신이지만 기술적 전문지식과 친화력을 동시에 갖췄죠. 또 배운 건 써먹자는 주의라서 외국계 회사의 글로벌 프로그램과 비즈니스 방식을 활용해서 고객의 신뢰까지 얻을 줄 알았어요. 영업이 제게 딱 맞았죠. 재미를 붙여 일하니까 성과가 좋을 수밖에 없었어요. 그즈음 상사가 임원승진 가능성을 살짝 귀띔해주었어요. "내년에 임원이 될 거야"라는 말을 해주더라고요. 사실 어느 정도 예상은 하고 있었지만 실제로 들으니까 그동안의 노력을 보답받는 것 같아서 너무 기뻤죠.

글로벌 제조회사 임원 L
성실하게 꾸준히 일했어요.

저 같은 경우는 시그널이 간접적이었어요. 어느 날 글로벌 회사인데 본사에서 3개의 업무 영역을 제시하며 본인이 원하는 업무를 선택해서 의견을 달라는 메일을 받았죠. 몇 개월 전에 외국인 상사가 갑자기 온라인 미팅을 요청해 제 경력에 대해 이야기를 나눈 적이 있었어요. 그때 왠지 승진의 기회가 있을 것 같은 느낌을 받았어요. 그 예감이 맞았죠. 본사 메일에 답변을 보냈고, 인터뷰를 거쳐 임원으로 승진하게 되어 제가 하고 싶었던 업무를 책임지고 있습니다.

공공교통 운영기업 K 부사장

좋게 지켜봐 준 사람이 있었어요.

부장 1년 차가 됐을 때 상사인 상무로부터 '부회장께서 너에 대해서 굉장히 좋게 얘기하더라' 라는 말을 들었어요. 조직의 최고위직이 제게 관심을 가지고 있다고 하니까 뭔가 느낌이 왔죠. 임원에 한 발짝 가까이 다가가는 것과 같았어요.

대기업 전자회사 K 상무

성장하는 회사에서 같이 성장하고 있었어요.

회사가 매우 빠른 속도로 성장하고 있었기 때문에 승진할 기회도 많았어요. 팀장이 되면서부터 자연스레 임원을 꿈꾸었죠. 물론 후보는 3~4명이 있었기 때문에 20%의 가능성을 두고 경쟁해야 했어요. 다행히 저에 대한 윗사람들의 평가가 매우 좋았어요. 특히 Top Management의 평가가 좋아서 팀장이 되고 3~4년이 되면서부터 임원이 될 수 있겠다고 생각했어요.

대기업 제조회사 J 전무

누구보다 앞서갔어요.

부장이 된 후 조금만 더 노력하면 임원으로 승진할 가능성이 충분하다는 것을 알았어요. 업무 특성이나 시장의 상황을 고려했을 때 경쟁력이 있었거든요. 진행하고 있는 업무가 회사의 비즈니스에 큰 영향력을 끼칠 수 있었어요. 게다가 입사 후 연수 성적이 1등이었어요. 경영정책실, 마케팅, 인사실 등 다양한 부서를 두루 거치면서 초기부터 인정을 받을 수 있는 계기가 됐어요. 회사에서 지원을 받아 어학연수, MBA등 두 번의 유학 기회도 얻었어요. 사실 회사 덕분에 저는 개인적 성장을 이뤘죠. 제가 조금 더 회사를 위해서 노력해도 될 충분한 이유가 됐는데 임원 승진의 기회도 엿볼 수 있으니 열심히 할 수밖에요.

글로벌 제약회사 임원 L

항상 준비했어요.

저는 늘 임원이 될 준비를 하고 있었어요. 여러 경험이 쌓이면 자연스레 임원이 될 수 있다고 생각했거든요. 주어진 업무를 처리할 때 남들보다 여러 가지 방면에서 생각하고 준비했어요. 업무 관련 경험이나 지식이 남들보다 월등했죠. 그만큼 준비를 많이 하니까요. 완벽한 걸 좋아하는 타입이라서 책임감 있고 꼼꼼하다는 평가를 받곤 했어요. 인복이 있는지 사람들과의 관리 측면에서도 좋은 평가가 있었어요. 여러 면에서 경쟁력이 있다고 자부했죠.

REVIEW

임원이 된 사람들은 자신이 맡은 분야에서 전문성과 경쟁력, 성과를 두루 이뤄냈다. 성실하지 않으면 이룰 수 없고, 창의적이지 않으면 시도할 수 없으며, 인덕과 운이 따르지 않으면 해내지 못 하는 일이다.

Q 임원승진 사실을 안 뒤 한 일은 무엇입니까?

임원이 된다는 사실을 알게 되면 어떤 준비를 하면 좋을까? 임원들의 반응은 조금씩 달랐지만 몇 가지 유형으로 분류해볼 수 있다.

유형 1 | 사고 전환

임원이 되기 전에는 개인의 성과와 발전을 위해서 일하는 것이 당연하지만, 임원이 된 후에는 작은 선택도 조직을 위한 것이어야 한다. 자신만을 위한 이기적인 결정이 구성원을 힘들게 할 뿐만 아니라 조직을 망가트릴 수 있기 때문이다.

대기업 제조회사 J 전무

'나' 중심에서 '회사' 중심으로 사고 전환을 했어요.

처음 임원이 된다는 사실을 알았을 때는 명예나 지위가 높아지는 것만 인식했어요. 시간이 지날수록 책임감과 의무에 대한 부담이 더 크게 느껴졌죠. 점차 사고의 전환이 이루어지면서 임원으로서 할 일을 떠올리게 됐어요. 유관 조직과의 협력이 중요하다는 판단이 섰고, 이들 부서와의 관계를 어떻게 설정하고 관리할지 고민했죠. 그러한 고민은 임원이 된 후 확실히 도움이 됐어요. 덕분에 유관 기관 협력과 업무 협조를 원활하게 이뤄낼 수 있었습니다.

더 크게, 더 넓게 전략적인 사고 전환을 시작했어요.

40대 초반에 2급으로 승진한 지 1년 만에 전략기획실장에 임명되었어요. 이른 나이였지만 임원이 된 것이죠. 제가 소속된 회사는 글로벌 기업 사장 출신이 신임 사장으로 취임하면서 연공서열 중심으로 이루어지던 인사 시스템이 완전히 바뀌었어요. 능력과 역량을 중심으로 한 인사가 시행됐죠. 그때 간부 20여 명이 명예퇴직하고, 외국의 공항 전문가를 임원으로 영입하는 등 전례 없는 인사가 이루어진 때였습니다. 임원으로서 자격을 경영진에게 검증받아야 했어요. 사고의 전환이 필요한 순간이었습니다. 제가 할 수 있는 것 이상의 것을 해내야 했으니까요. 경영진이 추구하는 바를 명확히 인식하고 대대적인 혁신전략을 수립하기 위한 준비를 하고 추진했습니다. 외부에서 바라보는 공기업에 대한 이미지를 혁신하고자, 새로운 비전과 전략체계를 수립하고, 지속 가능한 경영체계를 도입했어요. 그때 제가 만든 틀을 15년이 지난 현재까지도 회사 중장기 경영전략의 기본 틀로 유지되고 있어요.

🗄 유형 2 ┃ 관계 관리

임원승진을 앞둔 사람들은 관계 관리에 특히 관심을 보였다. 새로 승진하여 중요한 직책을 맡게 되면 반대 세력 외에도 견제하는 사람이 나타난다. 특히 직속 상사는 아래에서 무섭게 치고 올라오는 후배들에게 경계심을 품는다. 정년을 보장하지 않는 임원의 특성상 언제 자기 자리를 위협할지 모르기 때문이다.

공항운영기업 L 본부장

마음가짐부터 새롭게 했어요.

동기 중에서 승진이나 보직이 이루어질 때 항상 선두를 차지했어요. 평소에도 맡은 업무를 잘 처리했기에 임원으로 승진했을 때 주변 반응도 대체로 호의적이었죠. 그러나 시기나 비호의적인 사람들도 있었어요. 그래서 임원이 될 거라는 생각이 드는 순간부터 비호의적인 사람들도 품을 수 있는 아량과 포용력을 키우려고 노력했습니다.

금융회사 임원 J

첫째도, 둘째도 겸손이었어요.

실력이나 성과로 이뤄진 파격 인사는 다른 사람들이 어떤 시각으로 바라볼지 신경이 많이 쓰입니다. 저 역시도 그랬습니다. 연공서열과 선후배 관계를 중시하는 한국 사회에서 사람들이 어떻게 받아들일지 걱정스러웠죠. 실제로 제가 임원이 되었을 때 드러내 놓고 축하해주는 사람들은 많지 않았어요. 기뻐하는 대신 혹시 있을지 모를 비판이나 불인정에 대비해 겸허하고 낮은 자세를 취했죠. 다행히 인사 자체를 비판하는 사람들은 없었어요. 아마도 스스로 낮은 자세를 취하는 것을 보고 주변에서도 조금씩 마음을 열기 시작한 거 같아요.

몸가짐, 마음가짐을 조심했어요.

임원승진 발표가 난 후 자신의 행동이나 태도가 능력 과시로 보이지 않도록 특별히 조심했어요. 특히 상사로부터 인정받을수록 저를 드러내지 않았죠. 자기 능력을 상사 앞에서 과시하게 되면 상사는 불안을 느낄 거예요. 서로 신뢰 관계가 형성되어 있더라도 위협을 느끼면 아마도 상사는 싹이 자라기 전에 잘라버리려고 마음먹게 될 수도 있어요. 사실 상사 대부분은 아랫사람에게 도움을 받아서 윗사람에게 인정받기를 원해요. 아랫사람이 자신보다 주목받는 것을 원치 않죠.

글로벌 제약회사 임원 L

불필요한 오해를 줄였어요.

저는 승진이 빠른 편이었어요. 어느 시점이 되니까 제가 모셨던 보스와 직책이 거의 같아졌죠. 직책이 올라갈수록 점점 보스가 저를 견제한다는 느낌을 강하게 받았어요. 특히 본부장으로 승진할 때는 CEO의 강력한 지원에도 불구하고 직속 상사가 승진을 반대한 일도 있었어요. CEO가 직속 상사와의 사전 협의 없이 통보했기 때문에 기분이 상했던 거죠. 이렇게 저로서도 어쩔 수 없는 일이 생기기 때문에 평소에도 불필요한 오해를 사지 않기 위해서 노력하는 편이에요.

유형 3 | 부족한 역량 보충

공공교통 운영기업 K 부사장
부족한 역량을 확인했어요.

승진 사실을 알았을 때 너무 빨리 임원이 된 거 같아서 불안감부터 느꼈어요. 그때까지 전 임원이 되기에 한참 부족하다고 생각했거든요. 임원 승진 발표 후 그동안 부족하다고 생각했던 몇몇 분야의 역량을 체크했어요. 제가 부족한 부분은 크게 세 부분. '논리적인 스토리텔링'과 '이슈에 대한 정확한 분석' '대안을 제시' 하는 역량이었어요. 컨설팅 회사에서도 비슷한 피드백을 받았죠. 그래서 글 쓰는 연습을 하고 이슈를 분석해서 대안을 제시하는 연습을 했어요. 그런데 그러한 역량은 하루아침에 이루어지는 게 아니라 노력한 만큼 만족할 만한 성과를 얻지 못했어요. 사실 임원이 된 지금도 그 부분이 아쉬워요. 좀 더 시간을 들여서 키웠어야 했는데 하는 후회가 되기도 하고요.

중견기업 제조회사 J 상무
평판 관리를 시작으로 전문성을 강화했어요.

업무성과를 중시하는 스타일이었어요. 저는 물론, 다른 직원을 많이 압박했어요. 승진에는 플러스 요소지만 평판에는 마이너스 요소였죠. 임원에게는 평판과 인맥이 중요해요. 임원은 사람이 재산이니까요. 임원 후보가 된 후 행동을 조심했어요. 평판 관리를 시작했죠. 하지만 인맥 라인에 휘둘리고 싶지 않았어요. 어디에도 휘둘리지 않으려면 저만 할 수 있는 일, 전문성이 필요하다고 생각했어요. 그래서 제가 거쳤던 기획, 마케팅, 인사 파트에서 한 파트의 전공을 살려 그 분야의 집행 임원이 되기 위해서 노력했습니다.

REVIEW

임원 대부분은 승진을 인지한 시점에서 무거운 책임감을 느끼고, 더 나은 성과를 내야 한다는 부담감을 가졌다. 또 임원의 임무를 수행하면서 사전에 본인의 강점과 약점을 파악하고 보완할 부분들을 체계적으로 개선하지 못한 점을 아쉬워했다. 특히 임원으로 승진한 후 당장 필요로 하는 논리적 분석 능력, 전략적 사고능력, 공감 능력, 의사소통 능력, 외국어 능력 등을 함양하지 않은 것을 후회했다. 또 구성원들의 마음을 움직여 성과를 낼 수 있는 리더십 역량을 미리 갖추었더라면 하는 아쉬움을 토로했다.

BEING AN EXECUTIVE

제 3 장

임원에게 필요한 7가지 능력

임원이 되어서야 알아차린 것들

Q 임원에게 필요한 능력은 무엇입니까?

임원들은 임원이 되고 나서야 자신에게 필요한 역량이 무엇인지 분명히 알게 되었다고 했다. 부모는 아이를 낳기 전까지 수많은 예상을 하지만, 막상 아이가 태어나면 전혀 준비되지 않은 초보 부모라는 사실을 깨닫게 된다. 임원도 마찬가지다. 임원이 되기 전부터 필요한 역량을 예측하고, 역할을 상상하지만 실제로는 예상을 뛰어넘는 상황들이 많은 것이다. 임원이 되기 전부터 다양한 역량을 좀 더 쌓았더라면 역할을 더 잘했을 것이라고 아쉬워했다. 임원에게 필요한 능력은 과연 무엇일까? 임원이 미리 갖춰야 할 능력은 크게 7가지이다.

전문성

공공교통운영기업 K 부사장
담당 분야의 전문성은 기본이죠!

역량을 두루 갖춘 사람도 자신이 담당하는 분야의 전문성이 부족하면 임원으로서 임무를 수행하기 곤란해요. 그 분야에 대한 해박한 지식과 경험이 있어야 전략적인 사고를 할 수가 있죠. 예를 들어서 생산하는 부서장은 생산기술 지식과 경험이 필요합니다. 생산 관련 시스템을 알아야 생산성을 향상 시킬 수 있죠. 영업과 마케팅 부서장은 당연하고, 특히 제품 연구개발 부서장은 더욱더 관련 지식과 경험이 필수적입니다. 또한 자사의 강 약점, 경쟁사의 강 약점, 시장과 고객에 대하여 조사와 자료를 분석하고 추진할 줄 알아야 해요. 거기서부터 전략적인 사고력이 계발되죠. 임원을 목표로 하는 구성원에게도 전문성이 요구되지만, 임원도 전문성을 가지려면 공부하고 연구해야 해요. 경영진의 입장에서 보면 임원에게 일을 맡기고자 할 때 해당 분야에 대해서 전문성을 가지고 있어야 믿을 수 있고, 일을 추진할 때 힘을 실어 줄 수도 있으니까요.

대기업 전기회사 K 전무

다양한 분야의 전문성을 키워야 해요.

저는 엔지니어로 회사 생활을 시작해서 박사과정까지 마쳤지만 다른 분야에도 전문성을 갖춰야 한다고 생각해요. 사람의 역할은 하나로만 정해져 있지 않기 때문이죠. 전문성에는 세 가지 유형이 있어요.

먼저, I형은 자신의 주요 직무에 대하여 깊고 두터운 전문성을 갖춘 사람입니다.

가장 기본적인 유형이라고 할 수 있죠. 자신이 생산관리를 담당하는 임원이라면 생산기술에 관련한 이론과 실무를 겸비한 전문가로서 인정받아야 합니다.

T형은 리더에게 필요한 일반 역량을 갖춘 사람입니다.

즉 자신의 직무에 대한 전문성을 바탕으로 글로벌 역량, 조직관리 역량, 커뮤니케이션 능력, 회계 및 재무, 인문학적 지식에 이르기까지 필요한 역량을 하나씩 늘려나가는 유형이에요. 다양한 역량을 수평적으로 넓혀가면서 리더의 역량을 갖추게 되는 거죠.

π(파이)형은 T형에서 한 걸음 더 나아가 적어도 한두 개 이상의 전문성을 갖춘 사람입니다.

T유형에서 좀 더 발전된 형태라고 할 수 있는데요. 직무 분야만큼 전문성을 갖춘 유형입니다.

저는 박사과정을 거치면서 I 유형이었다가 다양한 분양에 관심을 가지면서 T유형으로 발전을 했어요. 1990년대 중반부터 중국어와 일본어를 배우기 시작하면서 글로벌 역량을 키우기 시작한 거죠. 중국어에 관심을 가지다 보니 역사와 인문학 공부까지 하게 됐습니다. 인문학적 소양이 쌓여 리더십을 발휘하는 데 큰 도움이 되고 있어요. 세상에 대한 관심과 배움, 시간의 힘을 이용하면 다양한 분야에 전문성을 충분히 갖출 수 있습니다.

대기업 IT회사 임원 J

성과를 연결시키는 전문성

전문성은 이론이나 지식에 머무르지 않고 성과와 연결될 때 비로소 가치가 있습니다. 해당 분야에 대한 전문성을 갖추고 조직관리에 대한 경험이 있더라도 자신이 속한 사업 분야가 성장하는 분야가 아니면 승진의 기회는 줄어들어요. 저는 전기 자동차 분야에 전문성을 갖추고 있었어요. 시대의 흐름과 관심이 전기자동차 분야로 모아질 때 얼른 자동차용 SW개발 프로세스를 구축하는 성과를 냈죠. 타이밍이 좋았다고 할 수 있지만, 전문성을 가지고도 성과와 연결하지 않았다면 제자리였을 거예요. 전문성은 깊이 아는 것뿐만 아니라 잘 아는 것을 토대로 성과를 예측하고 분석할 줄 알아야 하죠. 그러한 눈을 키우는 것도 임원의 능력이라고 생각해요.

💼 회사와 일에 대한 열정

임원들은 애사심이 강하다. 처음 직장생활을 시작할 때부터 회사에 대한 강한 소속감을 가지고 회사를 성장시키는 데 열정을 아끼지 않는다. 뚜렷한 목적의식을 가지고 일하기와 남다른 업무에 대한 열정은 임원이 되기 전부터 된 후까지 변함이 없다.

대기업 건설회사 임원 S
열정은 꿈과 연결돼 있어요.

임원이 되기 전부터 우리 회사를 어떤 회사로 만들어야 할지 상상했어요. 관련 자료도 찾아보고 연구하면서 일을 했지요. 스마트한 건설회사를 만드는 게 제 꿈이었어요. 건설 현장에 스마트 건축 기술인 모듈화 공법을 적용해서 단위 모듈을 외부 공장에서 사전 제작한 후 건설 현장으로 옮겨와 조립하는 방식을 생각했죠. 실제로 시도를 한 것도 있습니다. 설계서부터 시공까지 필요한 모든 정보를 디지털화를 추진했어요. 건설정보 모델링으로 설계도면(건축사)과 시공도면(전문 업체) 간 괴리를 줄이기 위해 3D로 입체화한 플랫폼을 만드는 거죠. 그런 일들을 해낸 덕분에 임원이 됐고, 지금도 저의 꿈인 스마트한 건설회사를 만들어가는 중입니다.

대기업 전자회사 임원 K
재미에서부터 열정이 생기죠.

연구소에서 뭔가 새롭게 만드는 것을 무척 좋아했어요. 새로운 것을 만드는 일에 제 아이디어를 반영할 수 있는 점이 좋았고 굉장한 동기부여가 되었죠. 그러다 보니 높은 성과와 함께 부서장 승진이 자연스럽게 따라왔어요. 부서장이 되어서도 구성원들의 아이디어를 살리기 위해 노력했죠. 다행히 구성원들도 자기 일에서 재미를 느끼더라고요. 일의 열정을 재미에서부터 느끼면 지칠 수가 없어요.

공공교통운영기업 K 부사장
일의 진정한 가치 발견이 열정이 되기도 합니다.

저 역시 욕심내지 않고 묵묵히 자기 일을 할 줄 아는 것도 임원의 능력이라고 봐요. 스트레스도 많고 흔들릴 일도 많아요. 다른 사람과 경쟁하게 되고, 경쟁에 몰두하다 보면 협업이나 통합이 어려워지죠. 성과 또한 나쁠 수밖에 없습니다. 성과에 욕심을 부리면 동료나 구성원들로부터 좋은 평판을 얻기 어려워요. 잃는 게 더 많죠. 일에 대한 순수한 열정은 가지되 성과에 대한 여유를 가질 줄 아는 것 또한 임원의 능력입니다. 임원이 되는 것 역시 자신이 하는 일을 즐기다 보면 됩니다. 뻔한 얘기라고 할 수 있지만, 승진에 대한 욕심을 가지고 일하는 것은 자신과 타인에게 스트레스와 고통을 안겨주거든요. 반면에 구성원, 회사, 고객을 위해 일한다고 생각하게 될 때 일에서 가치와 의미를 발견할 수 있어요. 타인에게 가치 있는 것을 제공하겠다는 신념이 일에 대한 열정을 촉발합니다. 그러한 열정이야말로 굳이 의도하지 않아도 임원으로 승진하는 발판이 됩니다.

폭넓은 관점

리더가 되려면 리더의 시야를 가져야 한다. 임원이 되려는 사람은 실무자로 일하더라도 임원의 관점으로 생각해야 한다.

중견기업 전자회사 임원 H
리더의 시야 '한 단계 더'가 필요해요.

부장 시절에도 늘 중역처럼 일했어요. 중요한 일을 하고 있다고 생각했고, 중요한 사람이라고 생각했거든요. 부족한 부분을 공부하면서 채워갔더니 어느새 임원이 돼 있었고, 임원으로서 자연스럽게 업무를 진행하고 있습니다. 임원은 더 넓은 시야를 갖는 게 중요해요. 제가 다른 사람들보다 빨리 임원이 될 수 있었던 건 제자리에서만 보려고 하지 않고 한 단계 위에서 보려고 했기 때문이에요. 구성원을 이끌고, 성과를 만들려면 '한 단계 더'가 필요해요. 관망하고 예측할 줄 알면 여유를 가질 수 있고, 전략을 짤 수 있죠.

대기업 IT 회사 임원 K
다양한 사람들의 관점을 경험하는 것도 중요해요.

군에서 장교로 근무한 경력을 인정받아 기획 조정실 부장으로 입사했었고, 외국계 IT기업인 회사에 경력직원으로 입사했을 때는 직속 상사가 이사였어요. 직속 상사인 이사와 상위 리더인 CEO와 함께 일 하면서 다양한 관점을 경험한 건 제게 행운이었어요. 이 과정에서 자연스럽게 더 높고, 넓은 관점에서 조직과 사업을 바라보는 훈련이 이루어졌거든요. 실제 비즈니스 할 때 그들과 치열하게 토론하면서 임원들의 관점과 사고방식을 몸으로 체득했어요. 이사와 CEO가 저를 직접 가르치고 멘토링한 셈이죠. 미국 사람들의 성향이나 그들을 다루는 법, 한국 사람들이 미국인들과 비즈니스 할 때 우리의 강점을 어떻게 활용할 것인지 등에 대하여 상세하게 알게 됐어요. 관점의 확장은 프로젝트를 추진하면서도 이루어졌어요. 제 분야 외에 다양한 분야와 함께 일 하면서 수평적이고 복합적인 경험이 시야를 넓혀주었죠. 프로젝트 추진은 제가 몰랐던 마케팅, 영업, 연구 개발, 생산 등을 두루 체험할 기회였어요.

대기업 전자회사 임원 L
폭넓은 시각을 기술과 접목해보세요.

회사의 혁신 관련 부서에서 처음 일을 시작하면서 CEO를 비롯한 주요 경영진들과 함께 일을 했어요. 조직의 다양한 업무와 기능을 간접적으로 경험하게 되었죠. 덕분에 회사가 운영되는 전체 흐름을 파악하고 조직의 업무에 대해 다양하고 폭넓은 시각을 갖게 되었어요. 이러한 다양한 경험을 바탕으로 기술개발에 뛰어들었어요. 단순히 기술을 구현하고 개발하던 엔지니어의 입장을 벗어나 기술을 필요로 하는 고객의 요구, 영업 분야에서 요구하는 사양과 기술 수준 등을 먼저 파악하여 연구 개발에 접목할 수 있었죠. 특히 불가능하다고 여겨졌던 자동차 전지 기술에 도전하여 개발 아이디어를 제시하였고, 팀원들과 새로운 기술개발에 성공하여 회사의 기술력이 세계적으로 인정받는 계기가 되었어요.

 ## 소통역량

소통이 잘돼야 건강한 조직이다. 소통이 원활한 조직이 좋은 성과를 창출한다. 그렇지 못한 조직은 정체되고 심지어 무너져 버린다.

글로벌기업 전자회사 K 지사장
하다가 만 소통은 소통이 아니에요.

임원은 소통역량이 필수라고 생각해요. 상사와 구성원은 물론 고객과도 소통을 잘해야 하거든요. 또 연구 개발 분야에서 일하는 사람들은 매 순간 결정해야 하는 것들이 너무 많아요. 잘못된 결정을 하면 처음부터 다시 개발해야 하기 때문에 순간적인 판단 능력이 중요하죠. 판단 능력은 전문성과 더불어 모든 구성원의 아이디어를 수용하고 협업을 끌어내는 소통 능력에서 나온다고 생각합니다. 또한 결정할 것이 많다는 것은 서로 다른 의견이 그만큼 많다는 것이죠. 중요한 연구과제를 한 방향으로 결정하면 다른 생각을 하는 사람들이 실망할 수 있고, 참여하고자 하는 의지를 꺾을 수도 있어요. 리더는 실망한 사람들을 다독거리고 설명하고 설득할 수 있어야 해요. 일례로 한 번은 경쟁에서 시간을 다투는 연구과제를 일방적으로 추진하기로 한 적이 있었어요. 이해 당사자인 연구원들이 급박한 상황을 이해하고 동의해줄 것을 믿었는데 의사결정 과정에 소외된 연구원들이 노골적으로 반대를 했어요. 자신들이 맡은 연구과제도 있는데, 또 다른 것을 해야 하느냐고 막무가내로 따졌죠. 아무리 설득해도 소용이 없었어요. 결국, 연구 개발 과제는 제대로 추진되지 못했고 실패했죠. 이러한 경험을 한 이후로 반드시 구원들과 소통하는 습관이 생겼어요.

대기업 전자회사 임원 K
리더의 듣는 능력은 천금보다 귀하죠.

다른 능력에 비해서 커뮤니케이션 능력이 뛰어나요. 상대의 말을 경청하고 배려하는 능력 덕분에 임원이 됐다고 생각해요. 상사의 신뢰를 쌓는데 특히 큰 도움이 됐다고 보거든요. 회사 부회장이 저에게 이런 얘기를 한 적이 있어요.

"이 세상에는 두 가지 종류의 사람이 있다. 첫째는 말하는 사람이고, 둘째는 말하려고 준비하는 사람이다."

저의 경청 능력을 높이 평가한 것이겠죠? 아마 다른 사람의 말을 경청하는 사람이 드물기 때문일 거예요. 잘 들어야 동문서답을 하지 않아요. 전 잘 듣기 위해 많은 훈련을 했어요. 일본 현지 연구법인에서 프로젝트 할 때 외부 전문 코치로부터 코칭도 받았죠. 코칭을 받고 나서 구성원 대상으로 제가 직접 코칭을 했어요. 처음에는 쉽지 않았지만 계속 코칭하다 보니 자연스럽게 대화 스킬이 향상되었어요. 이후에 코칭은 제게 중요한 리더십 스킬로 활용되고 있습니다.

리더의 오지랖은 이해관계를 푸는 열쇠가 되기도 합니다.

오지랖이 넓다는 이야기를 들을 정도로 소통에 적극적이에요. 구성원들에게 진정성 있게 다가가려고 노력하고 있죠. 특히 진급이 어려운 구성원에게 진심 어린 피드백을 주고, 평소 모든 구성원을 존중하는 마음으로 대합니다. 오히려 제가 도움이 필요할 때는 부탁도 잘합니다. 물론 강요는 하지 않죠. 다행히 저에게 악한 감정을 가진 사람을 만들지 않았기 때문에 필요할 때마다 도움을 받을 수 있었고, 그 덕분에 조직으로부터 인정받았어요. 현재 프로젝트를 담당하게 된 것도 특출 난 기술력보다 일을 해결하는 과정에서 이해관계를 잘 풀 수 있었기 때문이라고 생각하고 있어요.

인간관계를 잘 관리하고 소통하는 능력은 직위가 높아질수록 더 중요하다. 임원이 되면 여러 이해관계자의 적극적인 협력과 도움을 받아내는 소통역량이 무척 중요하다. 팀장 때보다 일의 규모가 크고 관련 부서와 이해관계자들이 더 많이 얽혀 있기 때문이다. 여러 부서의 이해관계가 얽혀 있는 일을 추진할 경우 진심을 담은 소통이 통한다. 따라서 평소에 진정성 있는 소통역량을 개발하려는 노력이 필요하다.

신뢰 관계

조직의 성과는 일하는 사람들 간의 신뢰 관계가 필수적이다. 주어진 목표와 전략을 100% 믿고 따를 수 있는 핵심 요소는 신뢰이다. 구성원들과 신뢰를 구축하려면 어떻게 해야 할까?

글로벌 제조회사 임원 L

신뢰를 쌓는 과정이 필요합니다.

구성원들과 일을 해나갈 때 발생할 수 있는 갈등 상황과 복잡한 상황을 사실 중심으로 정리한 후 구성원들의 의견을 충분히 반영시켰어요. 또 구성원들과 서로 협의하면서 업무 방향을 정확하게 제시했죠. 일의 최종결과는 리더인 제가 책임을 진다는 자세로 구성원들에게 심리적 안정감을 느끼게 했고요. 그 결과 구성원들은 리더를 탄탄하게 신뢰하고 오직 일에만 몰입할 수 있게 됐어요. 팀장 시절에서는 구성원의 승진을 위해 저의 성과를 구성원에게 양보하면서 기회를 주기도 했어요. 그런 점이 임원으로 승진할 때 리더십을 인정받는 계기가 되었어요.

대기업 전자회사 임원 L

함께 하는 사람들을 중요하게 여겨주세요.

함께 일하는 사람들과 신뢰 관계를 쌓으려면 노력을 많이 기울여야 해요. 저는 상대방의 관점에서 배려하며 업무를 추진하는 방식으로 임했어요. 덕분에 도와주려는 사람들이 늘어나 일을 추진하기가 훨씬 쉬웠죠. 함께 일하는 사람들의 지지와 협조는 성과의 지름길입니다. 업무적인 관계가 끝나도 지속적인 인간관계를 유지하죠. 자신의 이익을 내려놓고 관련 부서들과 합리적으로 중재하려고 노력한 것도 신뢰를 얻는 데 도움이 됩니다.

대기업 전자회사 임원 K

냉정하고 공정해야 합니다.

구성원들과 신뢰를 형성하려면 무엇보다 냉정하고 공정한 일 처리가 중요합니다. 사내 구성원들은 물론 비즈니스 파트너들도 신뢰를 두텁게 할 수 있습니다. 구성원들은 모두 고학력자인 데다 경력도 길어서 각자 5~6명분의 일을 했습니다. 그러다 보니 각각의 개성과 자기주장이 매우 강했죠. 이런 특성을 갖는 구성원들과 일하면 냉정함을 잃지 않고 이들의 의견을 경청하여 합의를 끌어내는 것이 중요합니다. 만약 구성원들의 의견을 무시하거나 서로 다른 의견 때문에 냉정을 잃을 경우 신뢰도 잃게 되죠. 상사가 아무리 유능해도 냉정함을 잃는다면 구성원들의 협조를 얻기가 어렵습니다. 임원은 구성원들이 불공정하다는 생각이 들지 않도록 냉정하고 공평하게 모든 일을 처리하는 게 중요합니다.

🗄 정치력

어느 조직에서나 눈에 보이지 않은 정치적 파워가 존재한다. 사내 정치는 긍정적인 측면도 있고 부정적인 측면도 있다. 임원들이 생각하는 '정치력이 필요한 이유'는 뭘까?

팀과 구성원을 지키는 정치력

리더로서 갖추어야 할 자질과 역량은 시간이 지나면 경험을 통해 쌓이는 것으로 생각했어요. 과거로 돌아갈 수 있다면 임원의 역할에 대해 다시 한번 숙고하고 좋은 임원이 되는 데 필요한 자질과 역량을 다시 정의할 겁니다. 지금 생각해보면 제게 가장 부족했던 역량은 정치력이었다고 생각해요. 만약 임원이 되기 전부터 인맥 관리를 하고, 이해관계자들과 잘 알고 지냈더라면 자신의 부서와 구성원들을 대표하고 보호하는 데 큰 도움이 됐을 거예요. 돌이켜 생각해보면 그런 부분이 참 아쉽습니다.

경쟁자에게 당하지 않는 정치력

정치력 부족으로 인하여 어려움이 많았어요. 경쟁 세력이나 반대 세력에 대한 관리를 잘못했죠. 보통 정치판에서는 '당선시키지는 못해도 떨어뜨릴 수는 있다'라는 말이 있잖아요. 자신의 영향력으로 국회의원을 만들 수는 없지만, 국회의원이 되지 못하도록 부정적 여론을 조성할 수는 있다는 의미인데요. 기업에서도 마찬가지예요. 어떤 사람을 승진시키기는 어려워도 승진에서 탈락시키는 것은 어렵지 않아요. 평소 자질과 능력을 인정받은 사람이 임원 승진에서 탈락하는 요인 중 하나는 경쟁자나 반대 세력의 부정적 메시지예요. 인사권자가 냉정하고 객관적인 판단을 내릴 수 있는 조직문화가 마련돼 있지 않았다면 주변에 포진한 반대 세력들의 감언이설에 현혹될 수 있거든요. 그러면 아무리 뛰어난 역량을 가졌다 하더라도 임원이 될 기회가 주어지지 않습니다. 특히 공기업처럼 정부에서 지명한 인사가 한시적 CEO로 근무하는 조직에서는 그 폐해가 민간 기업보다 심하죠. 이 때문에 임원으로서 자질과 역량이 부족한 사람이 임원으로 승진하는 경우도 많아요.

금융회사 임원 J

영향력을 만드는 정치력

제 경우는 사내 정치를 잘한 편이에요. 평소에 주변 사람 관리를 잘합니다. 같이 일했던 상사들이 회사를 떠난 뒤에도 네트워킹 차원에서 계속 연락하면서 관계를 유지하죠. 대개 임원 출신들은 회사를 떠난 후에도 회사에 남아 있는 사람들과 연락하며 계속 영향력을 행사하기 때문이에요. 경영진이 중요한 의사를 결정할 때마다 의견을 묻는 주변의 다양한 이해관계자들을 관리하는 데도 신경을 썼죠. 의사결정자에게 영향을 미치는 사람들에게 저의 관심사를 알리고 발전한 모습을 보여줬습니다. 의사결정자가 이해관계자들에게 저에 대해서 묻는다면 이미 준비된 사람임을 알릴 수 있도록 했어요.

사람이 모인 곳이라면 어느 곳이든 정치가 작동한다. 이해관계가 없을 것 같은 부모와 자식 간에도 밀고 당기는 정치적 행위가 나타난다. 더구나 이해관계가 얽혀 있는 조직에서는 서로 시기하고 편을 가르는 행동은 자연스러운 현상이다. 물론 지나친 정치나 세력 간 갈등, 줄 세우기 같은 파워 게임은 오히려 역효과가 날 수 있다. 하지만 자신의 영향력을 높여 일을 추진하는 데 도움을 얻을 수 있는 정치력은 반드시 필요하다. 조직의 리더로서 수많은 구성원을 이끌어 나가려면 자신이 맡은 영역뿐만 아니라 비즈니스 전 영역에 걸쳐 다양한 이해관계자들에게 영향력을 발휘할 수 있어야 한다. 그런 의미에서 정치는 필수적이다. 사내 정치를 긍정적으로 생각하고 지혜롭게 이용하는 것이 필요하다.

셀프 마케팅 능력

조직에서 성공하려면 직간접적으로 주요 인사권자에게 자신을 확실하게 인지시켜야 기회를 잡을 수 있다. 자신을 알리는 셀프 마케팅 능력은 임원이 되기 전일 때도 필요하지만, 임원이 된 후에도 필수적인 능력이다.

금융회사 임원 J
자신을 알려야 기회가 생겨요.

기회가 있을 때마다 자신에 대한 마케팅 능력을 키워야 한다고 생각해요. 인사권자에게 제 존재감을 알리는 방법은 몇 가지가 있어요.

1. 먼저 본인이 원하는 것을 여기저기 알려야 합니다.
2. 원하는 것을 위해 어떤 노력을 하고 있는지도 알려야 합니다.
3. 자신이 원하는 것은 당연히 자신에게 주어져야 한다고 믿어야 하며, 인사권자에게도 알려야 합니다. 부담감을 느끼고, 좋은 기회가 생겼을 때 기회를 주게 됩니다. 물론 역량이 부족하다면 기회를 주지 않을

거예요. 기회를 주고 싶은 마음이 들게 만드는 것이 중요합니다. 설령 인사권자가 아니더라도 자신이 원하는 것이 무엇이고 잘하는 것이 무엇인지를 알리는 것이 필요하죠. 뜻하지 않은 기회가 생겼을 때 가장 먼저 그것을 원한 사람의 얼굴을 떠올릴 수밖에 없기 때문이에요.

4. 자신을 과소평가하지 말고 자신이 한 일을 자신 있게 홍보하는 것도 중요합니다. 특히 여성들은 자신의 성과를 얘기할 때 자신이 한 것이라고 자랑하기보다 팀이 함께한 것이라고 말하는 경우가 많아요. 하지만 남성들은 대개 그렇지 않은 것 같아요. 따라서 여성은 자신의 성과나 역량을 얘기할 때 남성들과 같은 수준으로 얘기해야 공정하게 평가를 받을 수 있어요. 똑같은 성과를 내고도 스스로 과소평가해버리면 경쟁자에게 밀릴 수밖에 없어요. 때론 겸손함이 필요할 때가 있지만 그런 경우에는 굳이 자랑하지 않아도 상사가 알아차려요. 하지만 주변 사람들이 자신의 기여도를 모를 때는 기꺼이 나서서 자신의 역할과 기여도를 얘기해야 합니다.

리더가 되려면 성과는 기본이고, 우선 경영진의 눈에 띄어야 한다. 따라서 자신을 눈에 띄게 할 전략을 모색하고 적극적으로 활용하는 것이 중요하다. 능력과 성과가 탁월한 데도 임원이 되지 못하는 사람은 대개 '자신을 알리는 것'을 쑥스러워하며 자신을 마케팅하지 못하는 사람이다.

적극적으로 알리고 각인시키세요.

제 업무성과를 비롯해 강점을 적극적으로 어필하는 것이 필요하다는 사실을 너무 늦게 알았어요. 다른 사람들이 제 성과를 제대로 알아주려면 너무 오랜 시간이 걸려요. 그동안 동료들은 저 앞에 걸어가고 있을 겁니다. 특히 다국적 기업은 자신의 성과를 최대한 부각해야 합니다. 대신 잘 못된 결과에 대해서는 과오를 인정하고 앞으로 어떻게 해결할 것인지 대안을 제시해야 하죠. 잘못된 이유를 설명하느라 시간을 낭비하면 오히려 이미지가 나빠집니다. 확실한 대안을 제시하는 것 자체가 자신을 어필하는 방법입니다. 물론 묵묵히 일하는 것으로 자신을 알리고 마침내 임원으로 승진하는 사람도 있지만, 이런 경우는 자신의 강점을 알리는 방법이 다를 뿐입니다. 성실성이나 겸손함을 최고의 덕목으로 여기는 상사에게는 이런 방식이 효과적일 수도 있지만 조직에는 늘 경쟁자들이 상존하기 때문에 자신을 적극적으로 알릴 기회가 왔을 때 과감히 어필하는 것이 필요합니다. 중요한 것은 인사권자에게 자신이 하는 일과 잘 할 수 있는 일, 그리고 원하는 일이 무엇인지를 각인시키는 것입니다.

REVIEW

지금까지 임원에게 필요한 일곱 가지 역량에 대해 알아보았다. 임원 중에는 실무자 시절부터 필요한 역량을 갖추기 위해 노력한 사람도 있지만, 대부분은 임원이 되어서야 무엇이 필요한지를 깨달았다. 그들은 임원이 되기 전부터 준비를 했다면 더 나은 성과를 올렸을 것이라고 말했다. 실무자로서 임원을 꿈꾸는 사람이라면 이들의 얘기에 귀를 기울일 필요가 있다. 미래는 준비하는 자에게 앞당겨 온다. 지금 자신에게 부족한 것이 무엇인지를 점검해보고 차근차근 준비하도록 하자.

BEING AN EXECUTIVE

제 4 장

임원이 되면서
겪게 되는 변화

Q 임원이 된 후 느꼈던 긍정적인 변화는 무엇입니까?

보통 대기업에서는 상위 1%, 중견기업에서는 상위 5% 이내가 임원이 될 수 있다. 인터뷰에 응한 임원들은 임원이 되었을 때 공통으로 받은 대우는 높아진 연봉, 최소 그랜저급 이상의 자동차와 유류비, 보험료 제공, 개인이 업무추진비 용도로 쓸 수 있는 별도의 법인카드 지급이다. 업무 환경 또한 크게 개선이 되는데 개인 공간과 함께 책상의 크기가 달라지고 비서의 도움을 받을 수도 있다. 기업에 따라서 제공되는 복지 혜택도 일반 직원일 때와 매우 다르다. 골프 회원권, 가족 의료서비스 등이 지급된다.

대기업 전자회사 임원 L

얻을 수 있는 정보의 양과 질이 달라져요.

저는 연구직 출신이에요. 기술개발 분야에서 큰 성과를 이뤄내서 임원이 될 수 있었죠. 책임연구원 시절에 힘들었던 점 중 하나는 타 부서에 기술개발과 관련된 정보를 요구하면 받을 수 있는 정보의 양과 수준에 제약이 있었어요. 하지만 임원이 되니까 제가 얻을 수 있는 정보의 양과 수준이 크게 달라졌죠. 또 관련 부서 직원들의 태도도 과거보다 훨씬 호의적이죠. 그런데 이런 상황이 기쁘지만 않더라고요. 보안상의 문제로 정보 공유를 제한하는 것도 있지만, 현장에서 필요한 정보를 연구원들이 좀 더 쉽게 얻을 수 있다면 연구에 집중하는 시간이 더 많아질 거라는 생각이 들거든요. 이제 임원으로서 더 많은 분야에 관심을 두고 현장 직원들이 정보를 안전하게 공유할 수 있는 환경을 만들어가야겠죠.

만나는 사람들이 달라져요.

고객사를 방문하면서 실무 담당으로 방문할 때와는 전혀 다른 처우와 대접을 경험할 수 있었습니다. 실무 직원일 때는 만나는 상대도 실무 직원이기 때문에 오랜 시간 논의를 해도 의사결정을 하기 어려웠죠. 임원이 되고 나서는 협력업체나 외부기관과 미팅할 때 직급에 맞는 임원을 만나 재량권을 가지고 의사결정을 할 수 있는 것도 크게 달라진 점이었습니다. 정보 또한 전략적 차원에서 주고받게 되면서 새로운 차원의 네트워크를 형성할 수 있는 점도 긍정적인 측면이죠. 개인적으로 좋은 경험을 꼽자면 회사의 지원을 받아 경영전문대학원(MBA), 최고경영자과정, 경영자들의 세미나 모임 등 다양한 사람들을 만날 수 있는 기회를 얻게 된 것입니다. 특별한 자리에서 만난 사람들과 전문가 네트워크를 형성할 수 있기 때문이죠.

대기업 전기회사 K 전무

회장님과의 식사, "새로운 세상에 온 것을 환영합니다."

신임 임원 교육 마지막 날 회장님과 같이 식사하는 자리가 있었습니다. 회장님께서 "새로운 세상에 온 것을 환영합니다." 라고 말씀하시더군요. 말씀대로 직원일 때와는 여러 면에서 다르더군요. 복리후생 등도 달라졌지만 무엇보다도 회장님을 포함한 그룹 고위층과의 다양한 방식의 접촉 기회가 생겨나면서 회사나 그룹이 지향하는 큰 방향성을 알게 되었고, 저도 그 방향성 수립에 참여하거나 제 의견을 반영할 수 있게 되었습니다.

글로벌 제조회사 임원 L

헤드헌팅 업체의 제안 스타일이 달라졌어요.

사소한 것일 수도 있는데요. 임원이 되기 전과 되고 난 후에 헤드헌팅 업체가 제안하는 회사 규모와 직위가 너무 달라서 제 위치가 달라진 것을 알게 됐죠. 임원이 된 것은 제 인생에 굉장히 긍정적인 영향을 주고 있는 거죠.

REVIEW

임원이 되면 경제적 상황, 물리적 환경, 이해관계자들과 관계, 대외적인 위상에 대한 긍정적 변화를 경험하게 된다. 하지만 임원이 혜택만 누리는 것은 아니다. 조직은 임원에게 더 큰 책임을 지우기 때문에 늘 부담을 안고 살아간다.

Q 임원으로서 느끼는 책임감과 부담감은 어느 정도인 가요?

금융회사 임원 J

저를 항상 의심하게 됩니다.

임원은 조직 전체에 영향을 미칩니다. 저 혼자 판단해서 결정해야 할 것들은 너무나 많은데 생각할 시간은 충분치 않아요. 일의 우선순위를 판단하여 즉각적으로 결정을 내려야 할 때가 많죠. 고민하고 집중할 시간이 부족해서 제 결정이 최선의 결정이었는지 항상 의심스러워요. 그 책임감 또한 너무나 무겁죠.

대기업 IT회사 임원 J

한마디의 말도 무겁게 느껴집니다.

제 일거수일투족이 조직 내부는 물론 외부기관과 고객들에게 상상을 초월할 정도의 영향을 미쳐요. 말 한마디도 툭 뱉을 수 없죠. 반드시 의도가 있어요. 뜻을 전하고자 할 때는 직접적으로 뜻을 전달해야 할 때도 있지만 돌려서 말하거나, 행동으로 보여줘야 할 때도 있어요. 그래야 파급력에 강약이 생기고, 때로는 부담스러운 책임감을 덜 수 있거든요. 이해관계자들과 대화를 할 때는 더욱 신중하게 행동하죠.

임원은 의사결정에 책임을 져야 구성원들이 신뢰한다. 또한 의사결정이 실행을 통해 구체적인 성과로 연결되어야 한다. 임원마다 조금씩 스타일이 다르지만, 의사결정을 할 때 명확한 기준을 가지고 있다. 그 기준은 각자의 경험을 통해 만들어진 가치관에 의해 결정된다. 구성원이 믿고 따를 수 있는 의사결정을 하려면 자신의 가치관이 그들의 신뢰를 얻을 수 있는 것인지 되돌아보아야 한다. 구성원들에게 내세우며 말하고 있는 가치관과 실제 행동으로 나타나는 가치관에 차이가 없는지 스스로 자신의 내면을 들여다보는 것이 중요하다. 임원은 자신의 핵심 가치에 따라 말하고 행동하며 스스로 규제할 수 있어야 한다.

세일즈포스의 창립자이며 자선가인 마크 베니호프는 "나는 사업을 하고 선을 행하는 것 중 하나를 선택할 필요가 없다는 것을 깨달았다. 나는 이 두 가지 가치를 일치시키고 동시에 두 가지 모두에서 성공하기 위해 노력할 수 있었다." 라고 했다. 마크 베니호프는 사업과 선, 두 가지 모두를 성공하기 위해 노력한 결과 세일즈포스 구성원들의 신뢰를 얻게 되었고, 사업과 선 모두를 성공으로 이끌었다.

대기업 전자회사 K 상무
하루하루가 살얼음판 위입니다.

처음 임원이 되고 나서 상사가 제게 "임원이 되고 나서 달라진 것이 무엇인가?"라고 질문했어요. 저는 "책임감이 다릅니다."라고 대답했죠. 상사는 현실을 체감할 수 있는 조언을 해줬어요.

'임원은 임시직원과 다를 바 없다. 매년 근무 계약을 하게 될 것이고, 만일 재계약하자는 소식이 없으면 그것으로 끝이다. 이것이 임원과 직원의 차이다. 그만큼 성과를 내지 못하면 의미가 없다. 그것이 진짜 달라지는 점이다.'

딱 맞는 말씀이었어요. 임원은 1년짜리 계약직과 다를 바가 없어요. 다른 구성원보다 더욱 냉정하게 성과를 평가받고 책임 역시 크게 지죠. 책임을 평가받는 기간 또한 1년, 6개월, 3개월인 경우가 많아요. 직원들은 1년 동안 성과가 좋지 않으면 다음 해에도 기회가 주어지지만, 임원은 그렇지 않죠. 성과가 좋지 않으면 지위를 내려놓고 조용히 조직을 떠나는 것이 임원입니다. 그런 이유로 하루하루가 살얼음판이라고 할 수 있죠.

공항운영기업 L 본부장

아닌 걸 알면서도 경영진의 의사를 따르기도 합니다.

눈에 띄는 성과를 내야 한다는 압박감이 임원이 되기 전보다 훨씬 더했습니다. 성과에 대한 조급증 때문에 업무를 객관적으로 보지 못하고 다소 무리하게 업무를 추진하는 경우도 있었어요. 경영진이 단기 성과를 중요하게 여길 때는 더 무리하게 돼요. 한 경우를 예를 들자면, 단기 성과를 잘 낸다는 이유로 직원에게 문제가 있어도 징계 인사 조치를 하지 못하는 경우가 있었어요. 업무처리 과정에서 중요한 보고의 누락, 무리한 경쟁 등으로 조직에 문제를 야기시켰어도 경영진이 인사 조치를 하지 않는 판단을 할 때 따를 수밖에 없습니다. 그 일 이후 임원으로서의 의사결정과 책임에 대해 깊은 고민을 하게 되었어요.

📁 리더가 가져야 할 비전

조직의 리더가 임기 동안 단기적인 성과를 통해 자신의 입신양명만을 추구하거나 개인의 경제적, 사회적 지위를 유지하기 위해 정의롭지 못한 결정을 하게 되면 조직과 구성원들의 신뢰를 얻기 어렵고, 임원으로서 수명이 단축될 수 있다.

단기적인 성과만을 중요한 가치로 내세우다 보면 조직의 장기적인 미래 전략을 전망할 수 없게 된다. 또 장기적인 비전을 가지고 구성원을 육성하고 동기를 부여하는 것에 소홀해지기 쉽다. 조직에서 중요한 위치에 있는 임원이 단기적인 성과에만 집착하게 되면 조직의 미래는 어둡다. 물론 임원들에게 장기적인 비전과 전략만을 요구하는 것은 현실적으로 어렵다. 대부분 임원은 단기적인 성과로 평가를 받아 재계약을 하기 때문이다. 개인의 경제적, 사회적 위치를 확보해야 하는 임원의 관점에서는 어쩔 수 없는 선택이라고 말할 수도 있다. 따라서 책임 있는 임원이라면 단기적인 성과와 장기적인 성과를 함께 고려해야 한다.

REVIEW

윌리엄 세익스피어의 희곡「헨리 4세」에 "왕관을 쓰려는 자, 그 무게를 견뎌라!"라는 대사가 나온다. 임원이 된다는 것은 지금까지 이룬 성과에 대한 보상의 성격이 짙지만, 임원이 져야 할 책임은 시련과 고통의 시작이 될 수도 있다는 것을 명심해야 한다.

Q 임원은 어떤 관리가 필요할까요?

🗂 시간 관리

임원은 만나야 할 사람도 많고, 참석해야 할 회의도 많다. 같은 부서의 직원이든 다른 부서의 직원이든 갑자기 인사하겠다고 찾아오면 거절할 수도 없다. 일단 찾아오겠다고 하면 친절하게 맞아서 커피 한 잔이라도 함께해야 한다. 외부 거래처나 유관 기관 사람들도 수시로 찾아오기 때문에 스케줄을 조정하기도 쉽지 않다. 사람을 만나면 한 시간 정도는 금세 지나가 버린다. 특히 낮에는 회사 내외부의 미팅에 참석하는 일이 많아서, 바삐 처리해야 할 일 때문에 야근까지 해야 할 때가 많다.

글로벌 제약회사 P 전무

일하는 시간 확보가 꼭 필요합니다.

임원은 정말 바빠요. 저 역시 시간 관리가 가장 힘들었어요. 나중에는 사전 약속 없이 찾아오는 사람들은 이런저런 핑계를 대어 만남을 미루고, 비서를 통해 사전 약속을 잡도록 했죠. 또 일정 시간을 정해 놓고 그 시간만큼은 업무처리에 집중했어요. 하지만 외부 일정은 조정하기가 쉽지 않았죠. 임원의 중요한 역할 중 하나는 회사 외부의 다양한 네트워크를 통해 필요한 정보를 수집하는 것이니까요.

일과의 상당 부분은 외부 이해관계자들과 미팅을 해야 하거든요. 식사나 골프가 곁들여지면 더 많은 시간을 투자해야 해서 일정을 관리하기가 쉽지 않아요. 따라서 의사결정을 하기 위한 자신만의 업무 집중시간을 확보하는 것이 필요하죠.

베이컨은 "시간을 선택하는 것은 시간을 절약하는 것이다"라고 말했다. 시간 관리는 시간에 쫓기는 것이 아니라 스스로 시간을 선택하는 것이 중요하다.

임원들의 업무 시간 확보 노하우

- 1~2시간 일찍 출근해서 업무 집중시간 확보
- 야근하면서 업무 집중시간 확보
- 특정 요일을 정해서 내부 업무 집중
- 낭비되고 있는 시간을 찾기(하루, 일주일, 한 달 사용하는 시간을 기록해서 어디에 시간을 가장 많이 사용하고 있는지를 확인하고 줄여야 할 것과 늘려야 할 것을 찾아 낭비되는 시간 없애기)
- 때에 따라서는 주위의 요청에 'NO'라고 말할 수 있는 용기도 필요

 체력관리

지위가 높아질수록 체력관리의 중요성이 더욱 커진다. 잦은 술 약속으로 건강을 해치기도 하고, 흡연량이 늘기도 한다. 또 중요한 의사결정을 할 때는 밤잠을 설치는 일이 빈번하다. 컨디션 조절에 실패하면 잘못된 의사결정을 하게 되고, 그에 대한 책임을 져야 한다. 이런 부담 때문에 많은 임원이 건강을 잃는 경우를 흔히 볼 수 있다.

일하기 위해서 운동해요.

매일 저녁 약속이 있었어요. 또 매주 한 번, 많게는 세 번 이상 골프 약속이 있었죠. 체력이 방전될 수밖에 없었어요. 부장 시절에는 체력을 기르기 위해 왕복 50km나 되는 출근 거리를 매일 자전거로 출퇴근했었죠. 임원이 되고 나서는 회사에서 자동차를 지원받아 출퇴근하게 되면서 자전거 출퇴근을 그만두고 하루도 빠짐없이 헬스장으로 달려가 유산소운동, 복근운동, 근육운동을 해요. 술을 마셔도 1~2잔 정도만 마시려 하고요. 헬스장에서 개인 지도까지 받으며 체력관리에 최선을 다하고 있죠.

살려고 운동합니다.

생활 속에서 운동 효과를 얻으려고 합니다. 운동의 필요성은 절감하는데 막상 별도의 시간을 만들기가 쉽지 않았습니다. 자전거를 타고 출퇴근하기도 했어요. 회사에 도착하면 헬스장으로 바로 가서 1시간 정도 근육운동과 스트레칭에 집중했어요. 의자에 앉아있는 시간이 많아서 허리가 아프고, 거북목 현상과 회전근 파열로 힘들었거든요. 주말에는 등산과 마라톤을 시작했습니다. 삶의 질을 유지하기 위한 몸부림이지요. 등산과 마라톤은 혼자서 할 수 있는 운동이라서 마음이 편해지더라고요. 예전에는 골프를 정말 좋아했어요. 그런데 골프는 짝이 있어야 해요. 그리고 골프가 끝나면 꼭 식사를 함께하는데 새벽부터 골프장에 가서 저녁 식사까지 하고 나면 시간이 엄청 많이 소요되죠. 그런데 등산과 마라톤은 혼자 운동하면서 이런저런 생각까지 할 수 있어 좋아요. 아직은 풀코스를 뛸 정도는 아니지만, 꾸준히 하고 있습니다. 운동이 좋은 것은 땀을 흘릴 수 있기 때문만은 아니에요. 운동할 때는 생각이 진취적이고 긍정적으로 돼요. 고민이 있을 때는 운동이나 등산으로 풀기도 합니다. 술도 좋아하는 데 지금은 스트레스가 쌓이면 술을 안 마십니다. 기분 좋을 때만 술을 마시고, 스트레스 쌓이면 무조건 운동을 합니다.

체력관리를 위해 임원이 된 후에 금연을 선택하거나 주량을 줄이려 노력하는 경우도 많다. 근무 중 사무실에서 시간을 내어 운동하거나, 점심 약속을 사무실에서 1~2 정류장 먼 곳으로 잡아 일부러 걷기 운동을 한다. 수면 부족을 해결하기 위해 점심 식사 후 20~30분 낮잠을 통해 체력을 충전하기도 한다. 건강을 잃으면 임원으로서 역할을 상실하게 될 수도 있다. 임원 승진을 앞두고 있거나 승진을 기대하는 사람은 체력관리에 시간을 투자하는 것이 좋다.

🗂 구성원 관리

임원은 실무진일 때보다 구성원들과 관계를 맺고 소통하는 게 더 어렵다고 한다. 발언권과 결정권이 강해진 만큼 구성원은 임원의 눈치를 보기 때문이다. 임원은 구성원의 심리를 잘 알고 있어야 하고, 이들의 생각을 읽을 때도 신중히 처리해야 한다.

구성원의 신뢰를 얻는 게 관리의 시작이죠.

직원 한 명 한 명 개별적인 관계에 신경을 씁니다. 개인별로 싫어하는 음식이 정리된 표를 가지고 있어요. 예를 들어 돼지고기를 먹지 못하는 사람을 미리 파악하고 있다가 회식 날이 되면 다른 음식을 먹을 수 있도록 배려해주죠. 어떤 날은 돼지고기를 전문으로 취급하는 음식점에서 회식이 있었는데 돼지고기를 먹지 못하는 사람을 위해 아예 소고기를 따로 사서 테이블을 만든 적도 있었어요. 이러한 배려는 사람들의 마음을 얻는 데 큰 힘이 됩니다. 사람들은 작은 것이라도 배려받는다는 생각이 들 때 크게 감동해요. 구성원들의 생일은 물론 아들딸의 나이나 이름까지 따로 정리해 놓습니다. 구성원과 1대 1 면담을 하거나 대화를 할 때 자녀의 이름을 말하면서 "이제 중학생 됐지?"라고 한마디 하면 깜짝 놀라죠. 팀원들은 그런 순간을 오랫동안 기억해요. 매일 아침 리스트를 보고 기억해 놓았다가 구성원들의 생일이나 결혼기념일을 축하해줘요. 구성원들의 경조사를 잊지 않고 기억해주는 것만으로도 타인의 마음을 얻을 수 있거든요. 이런 사소한 관심이 신뢰로 이어지고 팀을 성과로 이끕니다.

더욱 신중하게 구성원의 의견을 선택해요.

임원이 되기 전에는 제 의견에 반박하는 동료들이나 구성원들이 더러 있었어요. 임원이 된 후에는 제 의견에 대체로 수긍하는 경우가 많아졌죠. 임원이 되기 전보다 업무를 수행하기가 더 수월해졌어요. 그런데 그게 좋은 것만은 아니에요. 아이러니하게도 다른 사람이 제 의견을 쉽게 수용해주니까 제가 제 선택에 더 신중해지더라고요. 제 말 한 마디가, 한 번의 선택이 회사와 조직에 큰 영향을 끼칠 수 있으니까요.

1983년 성공한 리더와 실패한 리더를 비교한 맥컬과 롬바르도(McCall & Lombardo)의 연구에 의하면, 실패한 리더들은 야심이 크고 매력적이며 영리해서 뛰어난 성과를 올린다. 하지만 그다음이 문제다. 이들은 성공을 경험한 이후 자신의 경험을 맹신하면서 조금씩 교만 해지거나 환경 변화에 유연하게 대응하지 못한다. 결국 자신이 가지고 있던 강점이 오히려 약점으로 둔갑해 실패하게 된다. 실무자 시절에 성공했던 경험이 임원이 되고 난 후에도 도움이 될 수 있지만 자기 경험을 지나치게 맹신해서는 안 된다. 이런 오류에서 벗어나려면 구성원들의 다양한 의견에 귀를 기울여야 한다. 구성원들은 자신들의 말을 무시하고 의사결정을 내린 임원을 신뢰하지 않고, 적극적으로 미션을 수행하지도 않는다.

임원이 다른 구성원과 소통이 어려운 이유 중 하나는 별도의 독립된 공간에서 일하는 경우가 많아서다. 독립된 공간을 갖는 것은 임원으로서 누릴 수 있는 특권이지만 구성원들의 말에 귀를 기울이려면 벽을 낮추어야 한다. 구성원들이 벽을 넘어 찾아오기를 기대하기 전에 먼저 벽을 허물고 구성원을 찾아가야 한다.

2004년 히피(Heaphy)의 연구에 따르면, 리더의 소통방식이 팀의 성과에 큰 영향을 미친다.

• 리더가 자신의 관점이 아닌 타인의 관점으로,
• 비판보다는 지지와 격려로,

- 주장보다는 질문으로

- 구성원과 상호작용할 때

더 높은 성과를 내는 것으로 나타났다. 리더의 긍정적인 소통은 구성원들에게 스스로 성장하고 싶은 동기를 만들어 줄 수 있다. 임원은 구성원에게 자율성과 유능감을 가질 수 있도록 돕고, 도전적인 업무 기회를 제공하여 스스로 문제를 해결할 수 있도록 지원해야 한다.

📁 멘탈 관리

임원이 된 후에는 마음을 터놓고 얘기할 사람은 없는데 챙겨야 할 사람은 많아진다. 소신 보다 조직의 목표를 우선하게 되고, 회사는 역량보다 더 큰 성과를 요구하기도 하고, 책임과 부담은 그 어떤 때보다 무겁고 크다. 임원의 멘탈은 온갖 요인으로 수시로 흔들릴 수도 있지만, 기업의 책임자로서 단단해야 조직이 탄탄할 수 있다.

대기업 전자회사 K 상무
주변의 시기와 질투를 점검의 계기로 삼았어요.

45살에 최연소 임원이 되었어요. 사실 그때까지는 제 소신껏 일을 진행하고 성과를 냈어요. 임원이 되기 전부터 "너는 임원이 될 거야"라는 소리를 많이 들었죠. 주변으로부터 시기와 질투가 많았지만 크게 신경 쓰지 않았는데 임원이 되고부터는 부담이 컸어요. 행동을 더욱 조심하게 됐죠. 더 잘해야 한다는 압박감을 느끼면서 다른 임원들은 어떻게 생각하는지, 나의 소신에 문제가 없는지를 스스로 점검도 많이 하게 됐어요. 발표하거나 자료를 작성할 때 어느 정도 정치적으로 되는 거죠. 권모술수가 아니라 다른 이의 눈치를 살피게 된 것에 가까웠어요. 그런 점이 때로는 조직을 이끌어 갈 때 더 좋은 결과를 만들어 가기도 하더군요. 제 개인의 눈보다 조직 전체의 관점에서 바라보면서 평소에 하던 것보다 2%라도 더 끌어올리기 위해 안간힘을 쓰는 거죠.

소신대로 밀고 나갈 때 구성원의 공감을 얻어내지 못하면 제대로 실행이 안 되어 성과를 창출하기 어렵다. 그러나 모든 구성원과 공감대를 형성한다는 것이 말처럼 쉽지는 않다. 임원이 말한 의도와 다르게 구성원에게 전달되거나 이해되어 생각하지 못한 문제가 발생하기도 한다. 상사와의 의견 차이가 날 때는 더욱 소신껏 일하기가 쉽지 않다. 또한 갑작스러운 회사 정책의 변화로 임원의 소신과 상관없이 함께 일하던 구성원들을 내보내야 하는 때도 있다. 그럴 때 역량 부족에 대한 자괴감이 밀려온다고 한다.

대기업 전기회사 K 전무

역량이 부족해도 멈추면 안 돼요.

새로운 프로젝트를 맡아 진행하다가 역량 부족을 실감했어요. 열정과 의욕이 넘쳐도 역량이 뒷받침되지 못하면 결국 주저앉을 수밖에 없는 거죠. 자신의 역량이 못 미치는 일에 너무 욕심을 내서도 안 되고, 역량이 있으면서도 안일하게 안주해서도 안 돼요. 역량에 맞게 일을 추진하되, 다소 부족한 역량을 끊임없이 연마해야 해요. 그 지점을 아는 게 어렵지만 해내야 발전이 있어요.

🗃️ 스타일 관리

임원의 말투나 외모, 행동은 조직 내 구성원은 물론 대외적으로도 오르내릴 수 있다. 실무에 있을 때는 크게 신경 쓰이지 않았을 것들이 임원이 되면 관리해야 한다.

글로벌 제약회사 임원 L
저답지 않아도 바꿨어요.

원래 제 성격은 Yes, No를 정확하게 표현하는 편이에요. 장단점이 있는데 주위 사람들과 좋은 관계를 맺을 때 지장이 좀 있었죠. 반면 의사결정자로서 아닌 것을 아니라고 말하는 태도는 필요하다고 봐요. 그런데 임원이 되고 나서 대인관계를 맺을 때 부정적인 얘기는 직접적으로 표현하는 걸 삼가했어요. 상대의 감정을 상하게 하지 않으면서 협력적인 관계를 맺는 것이 중요하다는 걸 알게 된 거죠.

왜 임원으로 존재하는지 생각해보아야 한다. 조직과 구성원의 발전을 위해 존재하는지, 아니면 개인의 경제적, 사회적 이익을 얻기 위해 존재하는지 자문해보아야 한다. 임원에게 주어진 힘과 권리를 개인의 이익을 위해 사용하거나 자신의 우월함을 증명하기 위해 사용하게 되면 구성원들은 그의 인간성이 변했다고 생각할 것이다. 임원의 진정한 역할은 개인의 이익을 취하거나 자신의 우월함을 증명하는 것이 아니라 조직과 구성원의 이익과 우월함을 찾아내 성과로 연결시키는 것이다. 인간성이나, 사람이 변했다는 소리를 듣고 싶지 않다면 자신의 선택과 행동을 끊임없이 성찰해야 한다.

대기업 전자회사 임원 K
일하는 방식은 바뀌어도 사람은 바뀌지 않아요.

임원으로 승진한 후 사람이 변했다는 소리를 종종 들어요. 책임감 있는 임원이 되기 위해서 좀 더 정확하게 데이터에 근거해 냉철하게 일을 하기 시작했거든요. 일의 방식을 바꿨을 뿐 태도가 바뀐 것은 아니에요. 제가 생각했을 때 임원이 되었다고 구성원들 위에 군림하려는 태도를 보인다면 사람이 변한 것이 아니라 그 사람의 인성이 본래 그런 것일 거예요. 임원이 되었다고 인간성까지 바뀌어서는 당연히 안 되죠.

공공기관 임원 L
임원이 되니 T.P.O(Time, Place, Occasion)가 중요해지더군요.

평소에 청바지나 티셔츠를 즐겨 입는 스타일이었어요. 임원이 된 후 가벼운 옷차림으로 외부기관의 기관장을 만나러 갔을 때 뭔가 잘못되었다는 것을 깨달았죠. 자유분방한 옷차림이 상대와 관계를 맺는 데 도움이 되리라 생각했지만, 격의 없는 옷차림으로 인해 오히려 사람들이 저를 가볍게 대할 수 있다는 것을 경험하게 된 거죠. 그날 이후 평상시에는 활동적인 옷차림을 하지만, 회의가 있거나 외부기관을 방문할 일이 있는 날에는 옷차림에 더욱 신경을 쓰게 되었어요.

조직 내외의 사람들과 좋은 관계를 맺으려면 스타일이나 옷차림, 화법에도 신경 쓰는 것이 좋다.

 ## 윤리 관리

우리나라는 2016년 세계경제포럼(WEF) '기업 윤리경영 평가' 순위에서 137개국 중 98위를 기록했다. 그동안 우리나라는 2009년 48위에서 2011년 58위, 2013년 79위, 2015년 95위, 2016년 98위로 조금씩 순위가 하락했다. 이러한 결과는 공기업은 물론 일반 기업에서도 윤리경영에 대한 요구를 증가시키고 있다. 따라서 임원은 산업기술 유출, 협력업체에 대한 우월적 지위 남용, 고객정보 유출, 폭언 및 성추행, 위압적 갑질 등에 대해 상시적인 자기 점검이 필요하다.

공기업 임원 K
한 점의 의혹이 없도록 긴장하고 또 긴장합니다.

공기업에 종사하는 분이라면 다들 느끼실 거예요. 윤리 문제가 가장 많이 신경이 쓰여요. 공기업 임원은 정부 부처 및 민간 기업 임원들과 접촉할 기회가 많은데, 청렴성과 관련된 문제가 발생하지 않도록 신중하게 행동해야 합니다. 사소하고 평범한 언행도 혹시 문제가 될 소지가 없는지 늘 긴장해야 하죠. 공기업은 '신의 직장'으로 불릴 정도로 구직자들의 선호도가 높아서 인사청탁의 문제가 종종 거론되기도 합니다. 어떤 공기업에서는 임원과 연관된 거래처에 일감을 몰아준다든가, 협력업체로부터 금품을 수수해 개인의 이권을 챙기는 일들이 실제로 일어나기도 했었으니까요. 따라서 공기업 임원은 특히나 스스로 자신과 타인, 공동선에 관심을 가지고 다른 사람의 기대나 법적 처벌 여부와 관계없이 독립적으로 윤리적 행동을 하려는 가치 수준을 갖기 위해 노력하는 것이 중요하다고 생각합니다.

REVIEW

임원에겐 출근 시간은 있지만, 퇴근 시간이 없다. 늘 몸이 피곤하고 가족들과도 멀어지게 된다. 특히 자녀와의 관계가 소원해지는 것이 가장 가슴 아프다고 한다. 그럼에도 불구하고 임원은 자신의 역할이나 책임을 쉽게 내려놓을 수 없다. 회사를 대표하는 사람으로서 끊임없이 노력해야만 자신은 물론 회사를 발전시킬 수 있다.

Q 임원이 되면 관점이 어떻게 달라져야 할까요?

임원이 갖춰야 할 능력에서 설명했듯이 임원이 되면 관점의 변화가 필요하다. 임원의 역할은 실무자로 일할 때와는 완전히 다르다.

첫 번째 관점 변화 | 수행하는 사람이 아니라 제시하는 사람이 돼라!

실무자일 때는 조직이나 상사가 제시한 방향에 맞추어 주어진 일을 수행하면 되었지만, 임원이 되면 부서가 해야 할 일을 찾아내야 한다.

글로벌 제약회사 임원 L

구성원에게 필요한 리더는 지휘자가 아니라 나침반입니다.

임원이 되면 실무에서 벗어나 큰 그림을 그리며 직원들을 지휘하는 임원이 될 거로 생각했어요. 실상은 기대와 달리 실무에서 발을 빼지 못했죠. 완벽을 추구하는 기질을 가지고 있어서요. 성과에 대한 기대도 높게 잡고요. 구성원을 믿지 못하고 무슨 일이든 제 손으로 해결하려고 했어요. 부서 구성원들의 역량이 타 부서나 업계 내에서 뒤지는 편이 아닌데 권한을 위임하지 못하고 조바심을 냈던 거죠. 이런 완벽주의의 함정에 빠지게 되면 정작 임원으로 해야 할 역할을 하지 못하게 돼요. 리더의 역할은 지휘자처럼 일일이 직접 지시를 내리는 것이 아니라 나침반처럼 구성원들이 나아가야 할 목표와 비전을 제시하면 된다는 걸 뒤늦게 알았어요. 그저 최선을 다해 일할 수 있는 여건을 조성하고 지원하면 되는 거죠. 리더가 구성원들의 일하는 방식에 간섭하고 개입하게 되면 구성원들은 자발성을 잃어버리고 수동적으로 시키는 일만 하게 되거든요.

더 심각한 문제는 구성원들이 임원의 눈치를 보며 시키는 일만 하면 스스로 역량을 키울 기회를 얻지 못한다. 결국, 구성원들은 임원이 기대하는 역량을 갖추지 못하게 되고, 목표한 성과를 이루기 어렵다. 그렇게 되면 임원은 더욱 구성원을 믿지 않고 일을 맡기지 못하는 악순환이 반복된다. 이 악순환의 고리를 끊으려면 단기 성과에 대한 조급증을 내려놓고 장기적 관점에서 구성원에게 역량을 개발할 기회를 주어야 한다. 가장 효과적으로 역량 개발의 기회를 제공하려면 도전적 과제를 부여하여 새로운 역할과 책임을 수행하는 과정에서 스스로 학습하도록 하는 것이다. 그리고 이 과정에서 발생하는 실수나 실패를 비난하기보다 실수나 실패를 통해 배울 수 있도록 해야 한다. 설령 실패했더라도 새로운 방법을 찾아 다시 도전할 수 있도록 응원하고 지지해주는 것이 필요하다.

두 번째 관점 변화 | 개인보다 조직을 보면서 의사결정하라!

실무자는 개인이나 팀에 도움이 되는 방향으로 일을 선택하고 책임 역시 개인적으로 지지만 임원이 되면 조직의 발전과 더 큰 책임을 생각해야 한다. 의사결정도 개인의 이익이나 부서의 성과보다 조직 전체의 성과에 초점을 맞추어야 한다.

금융회사 임원 J

임원의 연봉이 높은 이유는 그보다 더 높은 수익을 기대하기 때문이죠.

회사는 수익 창출을 임원의 가장 중요한 역할로 꼽습니다. 비즈니스를 해서 회사에 실질적인 수익을 안겨주거나 효율성을 높여 비용을 줄이는 데 기여하는 것이 임원의 역할이죠. 외국에 있는 본사에서 한국 사업장에 요구하는 것이 바로 매출 신장과 수익 창출이기 때문이에요.

민간 통신사 임원 A

임원은 조직의 이익을 위해 전략가가 되어야 합니다.

제 역할은 사업을 확장시키고, 이익을 창출하는 것이에요. 임원이 해야 할 전략적 의사결정, 조직원들과 비전 공유, 조직화, 인재 확보 및 육성 등 도 모두 회사의 이익을 극대화하기 위한 일입니다. 임원은 이들에 대한 우 선순위를 정하고, 전략적으로 실행할 수 있도록 해야죠.

세 번째 관점 변화 | 개인 능력보다 조직의 능력을 끌어내라!

실무자로 일할 때는 다른 사람들의 협력 없이도 밤을 새워 혼자 일을 하거나, 몇몇 사람들만 함께해도 성과를 만들어 낼 수 있었지만, 임원이 되어 조직 전체 의 성과를 이끌기 위해서는 자신이 제시한 조직의 목표와 비전을 구성원들이 수 용할 수 있도록 설득할 수 있어야 한다. 또한 구성원들이 역량을 육성할 수 있도 록 지원함으로써 모든 구성원이 조직의 성과에 기여할 수 있도록 해야 한다.

임원은 소통의 연결 통로가 되어야 합니다.

연구 개발 분야는 다양한 소통 네트워크가 중요해요. 다른 분야와 마찬가지로 R&D도 혼자서 할 수 있는 일이 아니죠. 연구 개발은 연구원들의 헌신과 열정 속에서 이루어지지만 새로운 기술이 제품 개발로 이어져 고객과 만나려면 관련 부서, 협력업체, 고객과 소통이 필수예요. 특히 임원은 협력업체들이 요구하는 품질(Quality), 비용(Cost), 납기(Delivery) 문제를 풀어내는 교량 역할을 해야 합니다. 이와 함께 시장이 요구하는 새로운 기술이 원활히 개발될 수 있도록 구성원들에게 동기를 부여해야 하죠.

연구 개발 분야는 연구원들이 존재감을 느끼고 자신의 역할에 가치를 느끼며 일할 수 있는 환경을 만들어주는 것이 중요해요.

임원은 상하 간 상호신뢰를 바탕으로 구성원들의 내재적 동기를 강화할 뿐만 아니라 이해 관계자들과 팀워크를 만들어내는 역할을 한다. 또 구성원들이 자부심과 자긍심을 느끼면서 조직의 비전을 공유하고 조직과 함께 성장할 수 있도록 도와주어야 한다.

조직의 능력을 끌어올릴 구성원을 구성하는 것도 임원의 능력입니다.

임원이 방향을 제시할 수 있지만 실제로 실행하는 것은 구성원들이에요. 임원은 방향을 제시하는 역할을 하는 것도 중요하지만, 제시한 방향으로 함께 움직일 수 있는 사람들을 모으고 육성하는 것도 중요합니다. 결국 조직의 성과는 혼자 만드는 것이 아니라, 구성원과 함께 만들어가는 것이기 때문이에요. 그래서 저는 인재를 전략적으로 영입하기 위해 큰 노력을 기울였어요. 특히 제가 원했던 인재를 회사로 데려오기 위해 수년을 노력한 적도 있었어요.

물론 구성원에게 맡기지 않고 직접 처리하면 더 빨리 끝낼 수 있는 일도 있을 것이다. 몇몇 능력 있는 구성원에게 맡기면 더 빠른 성과를 낼 수도 있다. 하지만 임원 자신과 몇몇 구성원에게 일이 집중될 수밖에 없다. 조직 전체의 성과를 끌어낸다는 것은 임원 혼자 또는 몇몇 구성원들이 감당할 수 있는 범위를 넘어서는 일이다. 구성원에게 맡기는 일이 끊임없이 못 미덥고, 걱정되어 혼자 감당하려 해도 시간과 자원의 한계로 인해 결과적으로 성과를 낼 수 없게 된다. 또한 능력 있는 몇몇 구성원들에게만 지속적인 업무가 가중되면 아무리 능력 있는 구성원이라도 번 아웃에 빠져 오히려 무능력한 사람으로 전락할 수도 있다.

임원의 가장 중요한 역할은 성과를 만드는 것이지만 성과는 구성원을 쥐어짠다고 나오는 것이 아니다. 구성원들에게 일을 부여할 때 업무능력과 몰입 수준을 기준으로 구성원의 상태를 파악할 수 있어야 한다. 업무능력이 부족한 구성원의 경우 다양한 방법을 통해 스스로 육성할 기회를 제공해야 한다. 업무 또는 조직에 몰입도가 떨어질 때는 '정신 상태가 글렀어' ' 우리 때는 안 그랬는데 요즘 것들은 왜 저래' 라는 구태의연한 시각에서 비난하기보다는 구성원들의 감정, 의도, 욕구를 파악하여 몰입도를 상승시킬 수 있는 방법을 찾아 구성원들이 조직 안에서 심리적 안전을 느끼며 몰입할 수 있는 환경을 만드는 것이 중요하다.

어디서든 통하는 인재를 길러내는 것도 임원의 역할입니다.

구성원들을 성장 시켜 글로벌 필드(Global Field)에 진출할 수 있는 경쟁력을 만들어내는 것이 임원의 중요한 역할이라고 봐요. 세계적인 기업의 경우 세계가 곧 시장이라 할 수 있거든요. 국내 시장에서의 경쟁력만으로는 세계 시장에서 생존하기 어려워요. 외국계 기업은 임원들에게 세계 시장에서 통할 수 있는 인재의 육성을 요구하죠.

네 번째 관점 변화 | 개인 플레이보다 전문 그룹 네트워킹하라!

실무자일 때는 특정 업무의 담당자로서 조직의 도움을 받아 개인의 역량으로 업무를 수행했다. 하지만 임원은 사회경제적 환경의 영향을 받는 다양한 이슈를 해결해야 해서 외부의 도움이 필요한 경우가 많다. 따라서 임원은 특별한 이슈가 발생했을 때 도움을 받을 수 있는 다양한 전문가 그룹과 네트워킹 할 수 있어야 한다.

인적 네트워크는 임원의 중요한 역량입니다.

임원이 되면 그동안 경험해보지 못한 다양한 이슈들과 맞닥뜨리게 돼요. 내부에서 해결하기 어려운 이슈가 발생했을 때 어떤 사람에게, 또는 어떤 기관에 도움을 요청해야 하는지 알려면 평소에 다양한 네트워크를 구축하고 이를 활용할 수 있는 역량이 필요하죠.

대기업 전자회사 임원 L

언제든 함께 할 수 있는 내 편이 발전을 만듭니다.

새로운 기술을 개발하려면 주위에서 도움을 주고 지지해주는 우군을 만들어 놓는 것도 중요해요. 특히 힘들게 네트워크를 구축한 후에는 필요할 때만 연락하면 안 됩니다. 평소에 지속적인 관계를 유지해야 하죠. 리더에게는 개인이나 조직의 역량을 넘어 다양한 시각에서 현상을 바라보고 해결 방안을 찾는 창의성이 더욱 절실해요. 평소에 다양한 이슈에 궁금증과 호기심을 가지고 해결 방안을 탐색하는 훈련이 필요합니다. 자신의 경험과 신념 안에 갇히면 문제 해결의 폭은 좁아질 수밖에 없거든요. 더 많은 전문가와 교류하면서 이들의 의견에 귀를 기울이는 네트워크 역량을 갖출 필요가 있습니다.

📁 다섯 번째 관점 변화 | 최고경영자, 상사와 가치 공유하라!

실무자로 일할 때는 자신과 팀의 성과가 가장 중요했지만, 임원이 되면 최고경영자와 조직이 추구하는 가치에 맞는 방향을 생각해야 한다.

글로벌 제조회사 임원 L

최고경영자와 가치를 공유하면 일의 가치와 수준도 올라갑니다.

임원이 되기 전까지 제 신념에 따라 업무를 수행했어요. 하지만 임원이 되고 나니 구성원은 물론 보스와의 관계가 매우 중요해졌죠. 최근에는 보스와 친밀한 관계를 맺으며 조직의 가치를 공유하려 노력하고 있어요. 사실 실무자로 있을 때도 상사나 조직의 가치를 공유했다면 더 좋았을 거라는 생각을 해요. 개인의 능력으로 인정받기보다는 상사와 어떤 가치를 공유하는가, 어떤 관계를 맺고 있는가에 따라 업무 수준과 성과가 달라지거든요. 임원이라고 해서 모든 일을 원하는 대로 수행할 수는 없어요. 오히려 조직의 최고 경영자나 상사와의 관계, 공유하는 가치의 수준이 성과를 좌우할 때가 많습니다.

상사나 조직의 가치로 충돌이 일어날 때 외골수적 또는 배타적 태도를 보이는 것도 문제이지만 무조건 이견 없이 따르는 것 또한 바람직하다고 볼 수는 없다. 상사나 조직의 가치가 구성원과 협력업체와의 동반성장이나 사회적 책임을 배제하고 있다면 최선을 다해 설득하고 이해시키려는 선택도 중요하다.

💼 여섯 번째 관점 변화 | 단기는 물론 중장기 성과까지 고려하라!

당장 성과가 보이는 일과 내일을 위해 필요한 일, 그리고 현실적으로 당장 해야 할 일과 미래에 해야 할 일을 함께 나누고, 기존에 진행하던 사업과 새로운 사업을 동시에 고려하여 균형 있는 업무계획을 세워야 한다.

자세히 보고, 멀리서도 보아야 일의 진정한 가치와 미래 계획을 세울 수 있습니다.

임원이 되면 근시안적인 시각을 버리고 좀 더 멀리 입체적인 시각으로 바라볼 수 있어야 해요. 기본적으로 단기 성과와 장기 성과, 두 개의 바퀴를 모두 굴리는 것이 맞습니다. 물론 상황에 따라 단기 성과와 중장기 성과의 비중을 고려해야 하지만, 앞으로 어떤 상황이 발생할 것인지 참작하면서 단기 및 장기 성과의 비중을 80대 20, 혹은 70대 30으로 조율하는 게 좋습니다. 적어도 100대 0이 되지 않도록 하면서 현재뿐만 아니라 미래까지 바라보면서 의사결정을 해야 합니다.

누군가는 언젠가는 꼭 해야 하는 장기 프로젝트, 교육

임원이 되기 전 실무자로 일할 때는 구성원들을 교육하는 것에 그다지 신경 쓰지 않았어요. 오히려 일손이 아쉽기 때문에 교육에 참가하는 구성원들이 달갑지 않았습니다. 현장에서 일하는 사람들을 불러 교육하는 것도 마찬가지예요. 그런데 사람이 참 묘한 게 교육을 안 하면 회사에서 투자를 안 해서 불만이고, 교육을 하면 교육 때문에 힘들어서 일을 못 하겠다 그리더라고요. 바빠 죽겠는데 교육이나 시키고 있다면서 말이죠. 그래도 교육을 해야 사람도 크고 회사도 성장합니다. 교육의 성과는 당장 나오는 게 아니고 몇 년 뒤에 나옵니다. 특히 사람에 대해서는 장기적인 안목으로 투자를 해야 하는데, 눈에 보이는 성과를 올려야 하는 임원으로서 솔직히 신경을 쓰는 게 쉽지 않은 것이 현실입니다.

조직과 구성원의 성장과 발전을 위한 투자에 소홀한 결과는 장기간에 걸쳐 나타난다. 임원은 단기적인 성과를 인정받아 몸값이 오를지 모르지만, 구성원들은 그 피해를 고스란히 떠안아야 한다. 임원은 장기적인 성과를 함께 도모하면서 조직과 구성원의 미래를 밝힐 수 있어야 한다. 그것이 임원의 존재 가치이다.

REVIEW

미국 미시간대학교의 경영학 교수 로버트 퀸(Robert E. Quinn)은 리더가 된다는 것은 리더들이 어떤 삶의 태도를 선택하는가의 문제라고 이야기하며 일반적 상태와 리더십 상태를 제시한 바 있다.

사람들은 대부분 서 있으면 앉고 싶고, 앉으면 눕고 싶고, 누우면 자고 싶다. 그게 바로 일반적 상태의 모습일 수 있다. 그리고 대다수의 사람들은 일반적 상태에 머무르는 시간이 많은데 그 이유는 일반적 상태일 때보다 리더십 상태일 때 더욱 많은 에너지가 필요하기 때문이다. .

만약 임원이 일반적 상태의 태도에 지속적으로 머물러 있다면 자신의 권력을 개인적 이득만을 위해 사용할 것이다. 구성원들의 의견을 무시하고 조직과 구성원에게 책임을 전가하며 변화를 거부하면서 조직과 구성원의 성장과 발전에 부정적 영향력을 미칠 가능성이 크다. 리더가 리더십의 상태로 삶의 태도를 선택하지 않는다면 조직과 구성원의 성장과 발전을 이끄는 리더가 될 수는 없다.

삶의 태도	일반적인 상태	리더십 상태
태도의 방향	개인적 이해의 충족을 앞세우는 자기 중심적 태도	진정성, 투명성, 신뢰 증진, 네트워크 확대를 통해 다른 사람의 복지와 공동선(善)에 관심 있는 이타적 태도
변화에 대한 태도	외부 신호를 무시, 타인의 의견을 거부하는 폐쇄적 태도	변화에 대한 외부 신호를 예민하게 감지, 타인의 피드백을 구하는 개방적 태도
자기 점검 태도	얼마나 많은 자원을 가졌는지, 다른 사람에게 어떻게 보이는지에 따라 자신을 규정하는 외부지향적 태도	지속해서 자신의 위선을 스스로 점검하고 자신의 가치와 행동 간의 차이를 메우며 자신감을 얻는 내부지향적 태도
지향 태도	안전지대에 머물러 익숙한 문제를 푸는 일을 되풀이하는 안전지향적 태도	의미 있는 과업을 선택하고 추구하기 위해 몰입하며 소신 있는 기준을 가지고 창조를 향해 나아가는 목적 지향적 태도.

BEING AN EXECUTIVE

제 5 장

임원은 무엇으로 사는가?

임원이 된다는 것은 월드컵 경기 16강에 진출한 팀의 감독이 되는 것과 비슷하다. 영광스러운 자리지만, 16강전 이후엔 이전보다 더 나은 기량을 보여주어야 한다. 팀워크를 통해 게임에서 반드시 이겨야 한다. 상대의 팀 전략과 전술, 선수들의 플레이에 대비해 치밀한 전략과 전술을 짜고 선수들이 자신의 기량을 마음껏 발휘하도록 하여 팀의 승리를 견인해야 한다.

월드컵 16강에 오른 축구팀의 감독이 된 것처럼 임원은 자신의 역할을 잘 수행함으로써 경영진과 구성원, 그리고 동료 임원들과 상호신뢰 관계를 형성하는 것이 중요하다. 또 자신의 역할을 제대로 수행하려면 주어진 환경에서 자신의 역할이 무엇인지 정확히 인식하는 데서 시작해야 한다. 만약 임원으로 승진한 후 자신의 역할을 제대로 인식하지 못한 채 기존에 일했던 방식을 그대로 답습한다면 임원으로서 연착륙(soft landing) 하는 데 실패할 가능성이 크고 단명할 수도 있을 것이다. 분명한 것은 임원 평균 재직기간으로 볼 때 임원에게 시행착오를 허용할 만큼 여유로운 시간을 제공하는 조직은 거의 없는 것 같다.

임원의 근무 수명은 짧다. 경영성과 평가사이트 'CEO스코어'에서 조사한 자료를 보면 2015년 정기 인사(2014.12~2015.01)에서 10대 그룹 96개 상장사 임원 퇴직 현황에 따르면, 임원의 평균 재직기간은 5.2년으로 나타났다. 한국CXO연구소 오일선 소장이 2018년 11월 발표한 자료에서도 국내 10대 기업의 퇴직 임원의 39.7%가 3년을 채우지 못하고 직장을 떠났으며, 1년 만에 그만둔 경우도 5.4%나 되었다.

Q 임원의 역할은 무엇이라고 생각하십니까?

전직 및 현직 임원들은 자신의 역할을 어떻게 인식하고 있는지 살펴보자.

 임원의 역할 1 │ **전략적 의사결정을 하는 역할**

공항운영기업 L 본부장
임원의 예측과 결정에 따라 리스크를 줄이고, 성과는 높일 수 있어요.

기획조정실장, ERP 추진단장, 마케팅 본부를 거쳐 미래사업 본부장을 역임했습니다. 기획 분야에서 성장하다 보니 미래를 예측하는 통찰력과 핵심 업무에 대한 전략적 의사결정이 매우 중요하다고 느꼈어요. 그러한 의사결정이 회사 비전과 잘 맞아야 하는 건 물론이고요. 전략과 연계해서 실행력을 높이고, 구체적인 성과를 거둘 수 있도록 구성원들에게 동기를 부여할 수 있어야 합니다. 구성원에게 핵심 업무에 대한 전략적 의사결정과 방향 설정을 통해 리스크를 최소화할 수 있게 제시해주는 것도 중요합니다. 또한 문제 해결 능력을 통해 구체적인 성과 창출을 유도하도록 해야 하죠.

글로벌 제약회사 임원 L
임원은 합리적인 의사결정을 위해 역량을 키워야 합니다.

임원은 부서를 대표하는 역할도 해야 하지만 가장 중요한 역할은 조직 전체의 관점에서 비즈니스를 바라보고 조직의 성장에 기여할 수 있는 의사결정을 해야 합니다. 기업들이 점차 글로벌화 되면서 임원들의 의사결정 권한을 확대하고 있어요. 그에 대한 책임도 강화하는 것이 필요하죠. 이와 함께 현직 임원은 물론 앞으로 임원이 되려는 사람들도 중요한 이슈에 대해 전문적인 의사결정을 할 수 있는 역량을 함양해야 할 거예요.

임원의 역할 2 │ 문제를 신속하게 해결하는 역할

중견기업 제조회사 J 상무

문제 해결은 신속, 정확해야 합니다.

현장에서 발생하는 문제를 재빨리 발견해서 그것을 개선하고 성과를 만들어내는 것이 임원에게 가장 중요합니다. 협력회사 임원의 경우 고객 회사를 잘 관리하는 것이 중요하죠. 특히 가장 큰 고객인 대기업에 납품하는데 문제가 발생하지 않도록 사전에 철저히 준비하고, 문제가 발생했을 때 신속히 조치해야 손해를 줄이고, 앞으로 나아갈 수 있습니다. 성과는 빠른 문제 해결에서부터 시작한다고 볼 수 있습니다. .

문제 해결을 늦춰 더 큰 문제가 된 전설적인 사례가 있다. 1990년대에 세계 최대의 에너지 회사로서 미국 7대 기업에 이름을 올린 엔론은 시장에서 신뢰를 잃은 후 하루아침에 범죄자 집단으로 추락했다. 엔론의 전 CEO 제프 스킬링(Jeff Skilling)은 본래 에너지 기업이었던 엔론의 사업 영역을 자기 마음대로 광

통신 서비스, 에너지 선물거래, 기업빌딩 관리 회사로 확장하고, '실적평가위원회' 시스템을 도입해 매년 10% 정도의 직원들을 해고하며 내부경쟁을 극대화했다. 그의 경영전략은 컨설팅 회사인 매켄지뿐만 아니라 모교인 하버드 비즈니스스쿨에서도 극찬을 받았다. 또 수많은 기업이 그를 '새로운 경제의 아이콘'으로 추앙하며 벤치마킹했지만, 자신의 이익을 위해 특수목적 법인을 설립하여 부실을 떠넘기고 회계장부까지 조작했다. 결국 2001년 12월 엔론은 파산했고, 제프 스킬링은 회계 조작 사건의 주범으로 24년 4개월의 실형과 함께 피해자들에게 4,500만 달러의 보상액을 지급하라는 판결을 받았다. 지금도 그는 최악의 리더로 평가받고 있다.

임원의 역할 3 │ 성과를 창출하는 역할

글로벌 제조회사 임원 L

결국은 매출 증대와 수익 창출입니다.

회사에서는 매출과 이익, 신제품 시장 개척을 위한 장기적 비전 제시와 구체적 계획 수립과 실행을 임원에게 기대합니다. 국내에 사업장을 둔 외국계 회사도 국내 시장에서의 매출 증대와 수익 창출을 우선시합니다. 이 점은 국내 금융회사 역시 매출과 수익관점에서 임원의 역할을 요구하는 것과 같다고 생각합니다.

성과는 결국 회사의 매출과 이익을 창출하는 것으로 귀결될 수밖에 없다. 이

점은 글로벌 회사뿐만 아니라 국내 기업에서도 동일하게 임원의 핵심 역할 중에 하나로 기대하고 평가하는 듯하다.

임원의 역할 4 │ 전문적으로 리딩(leading)하고 육성하는 역할

대기업 전자회사 K 상무

구성원을 이끌기 위해 파워를 가져야 합니다.

조직과 구성원을 리드하는 것은 임원의 중요한 덕목입니다. 구성원들을 리드하려면 제가 맡고 있는 분야에 대한 충분한 이해와 전문성이 뒷받침 되어야 해요. 구성원들은 리더가 전문성이 부족하다고 느끼는 순간 리더십을 의심하게 돼 있죠. 제 말이 먹히지 않아요. 따라서 임원은 실무자들을 압도하는 충분한 '지식 파워'와 '포지션 파워'가 필요합니다.

포지션 파워는 직책을 맡으면 대부분 가질 수 있지만, 지식 파워는 해당 분야에 대한 전문성이 있어야 가능합니다. 포지션 파워도 전문성이 뒷받침될 때 더욱 강화되죠. 그래서 저는 임원이 되기 전부터 리더십에 대한 체계적인 교육과 훈련을 받았고, 지금은 배웠던 이론을 접목하여 실제로 활용하고 있습니다.

임원이 갖추어야 할 것은 해당 분야의 기술이나 지식만이 아니다. 임원은 조직을 관리하는 사람으로서 인사 분야에 전문성을 갖춰야 한다. 구성원과 소통하고 직속 상사와 관계를 잘 만들어가는 리더십 감각도 필요하다. 특히 소통 역량은 대화의 기술만이 아니라 사람을 설득하는 능력, 조직의 목표와 방향성을 제시하고 구성원들의 실행을 끌어내는 능력이 있어야 한다.

임원의 역할 5 │ 지속 가능한 비전과 동기를 부여하는 역할

대기업 전기회사 K 전무

꾸준하고 지속 가능한 성과를 만들어내야 합니다.

무엇보다도 지속가능성을 확보하는 것이 가장 중요한 임원의 역할이죠! 일시적인 성과나 성공만으로는 임원의 역할을 다했다고 볼 수 없어요. 성과 창출은 물론 조직 운영과 자원 투입, 전략적 측면에서도 균형 감각을 유지하면서 지속가능성에 초점을 맞추어야 해요. 의사결정 과정에서도 단기적 성과에만 매몰되지 않고 중장기적인 안목에서 성과를 예측하고 전략을 수립해야 하죠. 현재의 계획과 실행이 단기적인 성과에 끝나지 않고 장기적으로 회사에 어떠한 영향을 미칠 것인지를 고려해야 하는데요. 제 개인적인 목표는 제가 지나간 자리가 후배들에게 부담이 되지 않았으면 좋겠어요. 그래서 과실만 따 먹는 임원이 아니라 미래에 대한 준비를 제대로 한 임원이 되려고요. 나중에 후배들이 그때 그 임원이 길을 잘 만들어 놔서 이 정도라도 할 수 있게 되었다는 얘기가 나오면 좋을 거 같아요. 조직의 지속가능성 확보는 회사를 위해서이기도 하지만 제 후배들을 위한 일이기도 합니다.

지속 가능한 조직이 되려면 구성원들과 함께 중장기적인 비전을 공유하고, 팀워크와 자긍심으로 함께 미래를 만들어가야 한다. 조직이 올바른 방향으로 나아갈 수 있도록 리더와 구성원을 모두 지원할 수 있는 관계를 구축하는 것 또한 임원의 중요한 역할이다. 예를 들어 상사에게는 의사결정에 참조가 될 수 있는 폭넓은 정보를 제공하고, 구성원들에게는 조직의 비전을 공감할 수 있도록 동기를 부여하는 노력이 필요하다. 특히 훌륭한 인재들이 번 아웃(Burn-out) 되거나 무사안일에 빠지지 않고 지속적으로 성장할 수 있도록 멘토(mentor) 역할을 수행해야 한다.

한스컨설팅 한근태 대표는 임원이 실패하는 가장 큰 이유[1]는 역할 변화에 실패했기 때문이라고 주장한다. GE의 CEO였던 잭 웰치는 화공학 박사 출신이었지만 사업부장이 된 후에는 직원들에게 더는 '닥터 웰치'라고 부르지 못하게 했다고 한다. 그는 본능적으로 역할 변화를 인지했고 구성원들도 그렇게 인식하도록 주문했던 것이다. 한 대표는 정신없이 바쁜 임원은 실패하게 되어 있다고 말한다. 임원은 개인기로 성과를 올리는 사람이 아니다. 리더의 위치에 있는 사람은 성과와 인간관계 사이에서 균형을 잡아야 한다는 것이다.

REVIEW

IGM세계경영연구원에서는 건강한 조직의 4가지 유형에 따라 임원의 역할을 소개하고 있다. 네 가지 조직 유형은 리더주도, 운영우위, 시장초점, 지식중심 타입으로 나눌 수 있다.

---

1 임원 코치로 활동하고 있는 한근태 한스컨설팅 대표는 '동아비즈니스 리뷰'(149호, 2014년 3월 Issue 2)에 임원의 역할을 소개한 바 있다.

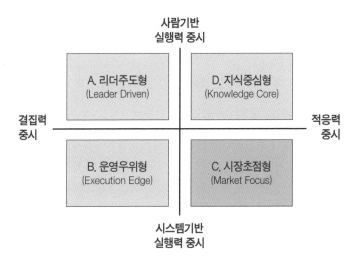

출처 ttps://m.blog.naver.com/PostView.nhn?blogId=igmvalue&logNo=220806203799&proxyReferer=https:%2F%2Fwww.bing.com%2F

A. 리더주도형 조직

리더들이 자율적으로 조직을 이끌기 때문에 조직의 명확한 방향성이 중요하다. 조직원 간 신뢰가 필요하고 임원은 직원들이 문제를 해결할 수 있도록 코치로서 역할을 수행해야 한다.

B. 운영우위형 조직

내부 결속을 강조하고 시스템 기반의 실행을 중시한다. 조직의 한 방향 정렬이 필수적이기 때문에 이러한 한계를 극복하기 위해 창의적이고 진취적인 문화가 필요하다. 임원은 구성원들이 창의적으로 일할 수 있도록 기회를 제공하고 동기를 부여하며 주인의식과 함께 책임감을 부여해야 한다.

C. 시장초점형 조직

외부 환경의 변화에 적응하는 것을 강조하면서 시스템 기반의 실행을 중시한다. 외부를 지향하기 때문에 다양한 이해관계자들과 협력하는 파트너 십이 필요하다. 임원은 구성원들에게 혁신을 강조하고 분명한 역할을 제시하며 책임감을 부여해야 한다. 또한, 효율성 증진을 위해 시스템 개선을 꾸준하게 추진해야 한다.

D. 지식중심형 조직

외부 환경에 적응할 것을 강조하되 사람 중심의 실행을 중시한다. 임원은 인적 자원을 최적으로 활용할 수 있는 시스템을 만들고 구성원들의 역량 향상을 위한 학습문화를 구축해야 한다. 또 역량 있는 전문가를 지속적으로 채용하고 육성할 수 있는 시스템을 만들어야 한다.

임원은 조직의 특성을 고려하여 자신의 역할을 재정의할 필요가 있을 것이다. 자신이 몸담은 기업의 사업 특성과 환경, 맡은 포지션을 고려하여 역할을 명확히 정의한다면 후배들에게 멋진 리더로 기억될 것이다.

Q 임원도 한계를 느낄 때가 있습니까?

　임원들은 조직 내에서 자신의 역할에 수행하면서 어떤 한계를 느낄까? 직장인 대부분은 임원이 되면 조직 내에서 권한이 대폭 커지고, 발언권은 물론 할 수 있는 일도 많아진다고 생각한다. 하지만 실제로 임원들은 많은 한계를 절감하고 있었다. 임원으로서 한계는 크게 네 가지이다.

권한의 한계

대기업 전기회사 K 전무

임원이 되고 보니 권한은 적고 책임은 커요.

　CTO나 연구소장들이 모이는 산업기술인협회 모임에 참여하고 있는데요. 자주 주고받는 대화 주제가 바로 '대한민국의 임원들에게 주어지는 책임과 권한은 불균형하다'입니다. 직원일 때는 임원들이 막강한 권한을 행사한다고 생각했는데, 막상 임원이 되고 보니 최종적인 의사결정을 주로 위에서 하는 경우가 많아요. 중간관리자일 때와 별반 다를 게 없죠. 반면, 외국 기업의 임원들은 국내 임원들보다 많은 권한을 가지고 있는 거 같아요. 외국 기업과 합작 경험이 있는데요. 외국 기업과 커뮤니케이션 하는 것이 국내 고객을 만날 때보다 훨씬 수월했어요. 외국 기업의 경우 의사결정에 대한 권한 위임이 잘 되어 있어서 국내기업의 임원들이 의사를 결정하는 것과는 많이 달랐어요. 국내기업들의 의사결정 구조는 일사불란한

점이 있지만, 책임자에 대한 권한 위임이 굉장히 인색해요. 그게 임원들의 한계인 것 같습니다. 이젠 좀 바뀌었으면 좋겠어요.

공항운영기업 L 본부장
제 결정은 결정이 아니더군요.

제가 내린 결정을 대표이사가 상의도 없이 뒤집어버린 적이 있어요. 중간관리자의 과실에 대한 책임을 물어 인사조치를 했는데, 인사권자인 대표이사가 저와 아무런 상의도 없이 인사조치를 무효화시켰죠. 심지어 그 중간관리자는 규정에 따라 해외로 보낼 수 없는 조건이었는데, 해외로 발령까지 냈어요. 그 사실을 알고 난 뒤 얼마나 좌절감을 느꼈는지 모릅니다. 그럴 때 중간관리자는 제가 임원인데도 불구하고 대표이사만 따를 게 분명합니다. 제 결정에 불신을 드러내는 것도 당연하고요. 쓸데없는 갈등이 생기는 거죠.

대기업 제조회사 혁신 부문 K 상무
원하는 사람과 일하기 어려울 수도 있더군요.

저는 반대로 제가 영입해온 팀장을 경영진의 의사결정에 따라 다른 부문으로 전출을 보낸 쓸쓸한 경험이 있어요. 시스템 혁신을 위해 평소 알고 지내 온 실력 있는 J컨설턴트를 팀장으로 영입했어요. 경력 입사한 J팀장은 저와 손발을 맞추며 성과를 냈고 긍정적 평을 받았죠. 제게 정말 큰 힘이 됐는데 어느 날 사장이 호출해서 가보니 J팀장에 대한 내부 고발성의 메일이 접수됐다면서 내용에 대한 사실을 확인하는 것이었어요. 당시 실무자 L차장이 J팀장에 대해 문제를 제기하였는데 시스템 도입 과정에서 회사에 더 적합한 A제품을 선정하지 않고 J팀장이 개인적으로 친밀한 업체의 B제품을 선택했다는 게 이유였어요. 제가 그때 그 상황을 잘 알고 있어서 사장에게 설명을 했죠. 실무자 L의 의견을 J팀장도 수용했지만, 최종 결정은 제가 했거든요. J팀장은 문제가 없다는 결론이 났어요. 저와 J팀장은 다시 일에 집중하기로 하고 의기투합을 했어요. 하지만 실무자 L은 끈질겼어요. 사장에게 J팀장이 책임져야 한다고 주장했죠. 이후에 사장은 안정적인 조직 운영을 고려해서인지, 결국 J팀장을 타부서로 전출 보내도록 지시를 내렸죠. 얼마 후 실무자 L도 다른 팀으로 이동이 됐고요.

보이지 않는 임원 사이의 서열

금융회사 임원 J

잘 나가고 볼 일입니다.

임원이라고 다 같은 임원이 아닙니다. 임원 그룹 안에서도 보이지 않는 서열이 있어요. 임원 그룹 내에서도 직책이나 역할에 따라 보이지 않는 서열이 존재합니다. 서열이 높은, 소위 힘 있는 임원의 입김이 의사결정 과정에 영향을 미칠 때가 많죠. 입김이 센 임원이 부정적인 반응을 보이면 프로젝트를 진행하기가 쉽지 않아요. 결국 일을 추진하고 성과를 내려면 자신의 입지를 강화하여 파워를 키우는 수밖에 없어요. 그것이 어렵다면 적어도 입김이 센 임원과의 관계를 잘 유지해야 하죠.

임원의 파워는 여러 경로를 통해 강화된다.

- 회사의 수익 창출에 얼마나 기여하느냐에 따라 파워가 정해지기도 하고,
- 오너가 얼마나 신뢰하고 의존하는가에 따라서도 파워가 정해진다.
- 경영을 지원하는 임원은 시스템이나 조직 혁신에 승부를 걸 수 있다.
  -새로운 시도로 고객들의 만족도를 높인다든가
  -회사의 이미지를 쇄신하여 최고경영자의 인정과 신뢰를 확보할 수 있다.

쟁쟁한 인재들이 모여 있는 임원 그룹은 강호의 고수들이 펼치는 무림의 세계와 같다. 무림의 고수들이 자신만이 구사할 수 있는 무술을 연마하듯이, 임원은 자신의 위치와 역할에서 거둘 수 있는 성과가 무엇인지 늘 고민해야 한다.

대기업 전자회사 임원 K

임원이 되면 남에게 밀릴 일이 없을 줄 알았죠.

저도 파워를 갖지 못해 밀린 적이 있어요. 상대는 부사장이었는데 제가 상무였거든요. 성과는 없고 시간과 노력만 들여야 하는 뒤치다꺼리를 도맡아야 할 경우가 있죠. 분명히 부사장이 맡은 부문에서 처리해야 할 일인데도 제가 떠맡을 때, 임원으로서 자존심이 상할 수밖에 없어요. 더 큰 문제는 구성원들의 사기에요. 자신들이 섬기는 임원이 파워에 밀려 하지 않아도 되는 일을 맡게 되면 조직의 사기는 떨어지게 되거든요. 임원도 구성원들 앞에서 얼굴을 들 면목이 없어요. 직위가 낮거나 파워가 없으면 불편한 상황에 노출될 가능성이 늘어나게 되죠.

팀장이나 중간관리자와의 갈등

임원으로 일하다 보면 중간관리자들과 갈등이 생기게 된다. 그것은 팀장 시절 팀원들과 임원 사이에 끼어 이러지도 저러지도 못했던 상황에 부닥친 것과 비슷하다고 할 수 있다.

대기업 제조회사 J 전무
불안해도 능력 있는 중간관리자를 믿어야 해요.

제 경험치가 부족해서 한계를 느낀 적이 있습니다. 주로 기획 업무를 담당해왔기 때문에 현장관리 경험이 없이 임원이 됐어요. 그에 반해 중간관리자들은 현장 경험이 풍부했죠. 그들을 믿었으면 참 좋았을 텐데 의욕이 넘친 나머지 제가 모든 일을 직접 관리하려고 했어요. 그러자 부장들과 충돌이 생기기 시작했어요. 몇 번의 시행착오를 거친 뒤에 깨달았죠. 현장 경험이 풍부했더라면 현장에서의 전문성을 확보하면서 과감히 권한을 위임했을 텐데, 그렇게 하지 못하고 갈등만 만들었어요. 임원은 한 사람의 구성원인 동시에 가장 큰 책임을 짊어진 리더예요. 팀장이나 중간관리자와의 신뢰와 협력 관계가 임원의 성과를 좌우합니다. 지금은 그 사실을 너무도 잘 알고 있습니다.

리더가 아무리 유능하다 해도 혼자서 조직의 성과를 책임질 수는 없다. 결국 성과는 각 팀의 구성원들이 만들어내는 것이고, 각 팀의 성과는 팀장의 리더십에 달려 있다.

중간관리자가 내 맘 같지 않네요.

역시 사람과의 관계에서 한계를 느끼게 됐어요. 제 경우엔 기대와 다르게 행동하는 팀장이나 중간관리자들과 함께 일하는 것이 가장 힘들었죠. 역량과 성과가 부족한데 어쩔 수 없이 팀장으로 임명한 경우가 있었어요. 아무래도 염려가 돼서 당사자에게 충분한 설명과 함께 기대하는 바를 전달했죠. 하지만 신임 팀장의 생각은 달랐어요. 스스로 자격을 갖추었기 때문에 팀장에 임명된 것으로 착각하고 있더라고요. 부족한 역량을 개발하지 않고 되레 팀원들을 닦달하는 모습을 보고 더욱 실망했습니다.

중간관리자와의 갈등은 잘못된 소통 때문에 발생하기도 한다. 조직이 가고자 하는 방향이 팀원에게 똑같은 목소리로 전달되어야 하는데 팀장 단계에서 뚝 끊기는 경우도 흔하다. 팀장이 임원의 의도를 잘못 이해했거나 왜곡해서 받아들였기 때문이다. 자신의 의도가 잘못 전달되었다는 것을 확인했을 때 임원은 자신의 리더십에 문제가 있는 것을 아닌지 고민하게 된다.

실력 부족으로 인한 좌절

능력 부족으로 기회를 잃을 수 있어요.

임원이 된 뒤 많은 부분에서 한계상황에 봉착됐어요. 개인적인 역량이 부족함은 물론이고, 임원이 된 후 추구해야 하는 공동책임에 대한 부담도 컸어요. 특히 전문성이 부족해서 좋은 기회를 놓치거나 배워서 할 수 있는 데도 물리적으로 시간이 없을 때의 좌절감은 이루 말할 수 없었죠. 비즈니스맨들은 실력이 없어서 주어진 기회를 놓쳤을 때 자괴감을 많이 느껴요.

공공교통운영기업 K 부사장

답이 없는 지시 사항에 난감했을 때가 있었어요.

대기업에서 인사담당 임원으로서 재직한 경험이 있어요. 당시 그룹 회장으로부터 HR(Human Resource)을 In-Box 개념으로 접근해볼 것을 요청받았어요. 박스 안에 HR과 관련된 모든 제도가 들어 있고, 그룹 자회사나 관계사의 원칙과 기준에 따라서 필요할 때 꺼내서 적용하는 것인데, 당시에 저는 그런 전문성이 부족했습니다. 기준과 원칙, 기본 정책을 만드는 것도 상당히 어려웠어요. 제 부족함을 어떻게 메울 수 있을지 고민 많이 했죠. 그런데 회장님이 성공한 조직의 HR 사례를 연구해서 가지고 오라더군요. 쉽지 않은 일이었고, 혼자서 해결할 수 있는 문제가 아니었지만, 해보지 않는 일을 지시받았을 때 나름대로 대응할 수 있는 방식을 가지고 있었어요. 혼자서 고민하지 않는 것! 즉 그 일을 해결할 수 있는 사람이 누구인지를 알아봤어요. 그런 다음 그와 함께 문제를 해결하면서 함께 고민하고, 다른 이해관계자들의 의견을 들었죠. 그 문제와 관련된 여러 사람의 의견을 들어보면 정답이 아니더라도 차선책은 알 수 있었어요. 차선책을 가지고 함께 고민하다 보면 어렴풋이 해결의 실마리를 찾을 수 있게 되거든요.

임원은 어떤 존재일까? 임원은 경영자와 함께 기업의 미래를 그려나가는 사람이다. 임원의 역할이 최고경영자의 경영활동을 곁에서 지원하는 것만은 아니다. 임원은 조직의 성과를 책임지는 사람으로서 구성원들을 한 방향으로 안내하고, 지속 가능한 조직의 성장을 만들어내야 한다. 어두운 밤에도 찬란히 빛을 밝히는 북극성처럼, 임원은 구성원들이 가야 할 방향을 알려주는 등대 역할을 해야 한다. 그래서 임원이 되는 것을 '별을 달았다'고 표현하는지도 모른다.

BEING AN EXECUTIVE

제 6 장

임원의
의사결정

Q 임원으로서 어떤 의사결정 기준을 가지고 있습니까?

리더는 높은 자리에 있는 사람이 아니다. 리더는 다른 사람을 통해 일하는 사람이다. 리더십은 다른 사람들이 동기를 가지고, 공동의 목표를 위해, 함께 협력하며 일하도록 하는 능력이다. 리더십의 백미는 의사결정이다. 임원은 하루에도 여러 차례 최고경영자의 의사결정을 지원하고, 스스로 의사결정을 해야 한다. 자신의 의사결정에 따라 수많은 사람이 일하며 하루를 보낸다.

의사를 결정하는 과정에서 임원은 본인의 신념, 경험, 지식을 활용해야 하고, 시장과 조직이 처한 환경 등을 고려해야 한다. 그래서 임원 대부분은 자신만의 의사결정 기준, 혹은 원칙을 가지고 있다. 물론 이 원칙은 사람마다 다르고, 유사한 원칙이라도 상황에 따라 적용하는 방식이 다를 것이다. 그렇다면 임원들은 각자 어떤 의사결정 기준을 가지고 있을까?

🧰 조직의 이익에 얼마나 기여하는가?

의사를 결정하는 첫 번째 기준은 단연 이익이다. 기업은 봉사단체가 아니다 성과를 평가하는 기준은 다양하지만 모든 성과는 결국 기업의 이익으로 귀결된다.

대기업 전자회사 임원 K

내 돈이면 투자할까? 라는 주인의식이 기준입니다.

임원이 되고 나서 많은 스타트업을 발굴하고 투자를 결정했어요. 투자

규모가 작게는 수십억 원, 많게는 수백억 원입니다. 한 달에 20~30개에 이르는 후보들을 놓고 투자를 결정했기 때문에 1년 동안의 투자 규모가 어마어마한 수준이에요. 스타트업 투자는 리스크가 매우 커요. 투자를 결정하려면 재무 상황과 기술 수준을 모두 고려해야 하는데, 재무 쪽은 재무관리 관점에서 검토하지만, 기술에 대한 검토는 전문 엔지니어들이 해야 합니다. 스타트업의 경우에는 재무관리보다 기술의 수준이 성공 여부를 결정하거든요. 제가 기술 연구직 출신이라서 기술 수준을 평가하고 기술 관련 의견을 제가 결정할 수 있죠. 많은 자금이 투자되기 때문에 투자를 할 것인가 말 것인가에 대한 의사를 결정할 때는 대표이사를 포함한 핵심 인력들이 모여 결정을 하는데요. 제 기준은 굉장히 단순합니다. '내 돈이라면 투자할까?' 자문하는 거죠. 이 질문에 답하는 것만큼 확실한 기준은 없어요. 한 번의 결정으로 수십억 원 혹은 수백억 원이 공중 분해될 수도 있거든요. 제 모든 자산을 팔아 투자해야 한다면 신중하게 결정할 수밖에 없어요. 이게 바로 '주인 의식'이라고 생각해요. 내 것이라 생각하여야 절대로 손해보지 않기 위해 더욱 꼼꼼하게 뜯어 볼 수 있는 눈이 생겨요. 주인의식을 가지고 회사에 이익이 될 것인가를 판단하여 의사결정하면 실패 확률이 줄어듭니다.

금융회사 임원 J

회사의 수익 창출에 기여하는가입니다.

제 의사결정의 기준은 회사의 전략에 얼마나 도움이 되는가입니다. 어떤 이해 관계자를 지원하는가에 따라 업무의 우선순위를 결정했죠. 회사의 수익 창출에 기여하는 이해 관계자를 지원할 때 더 큰 성과를 낼 수 있고 부서의 위상도 올라가거든요.

공공교통운영기업 K 부사장
그것이 우리 조직에 맞는 솔루션인가? 자문합니다.

국내 대기업에서 인사 및 경영관리 임원으로 오랜 시간 근무했었어요. 저는 의사결정을 할 때마다 "이것을 왜 해야 하는가? 이것이 최선인가?" 하고 자문합니다. 그러나 최선의 솔루션이라고 해서 늘 조직에 맞는 것이 아니라는 점을 경험하고 나서 "그것이 우리 조직에 맞는 솔루션인가?" 하는 질문을 해요. 경영관리 임원으로서 회사의 이익에 곧바로 직결되는 사업을 담당하고 있지는 않지만 궁극적으로 조직에 맞는 제도와 시스템을 도입하는 임무를 맡고 있어서 회사의 이익에 간접적으로 영향을 주는 의사결정을 하고 있다고 믿고 있습니다.

대기업 제조회사 J 전무
회사의 이익 창출과 구성원에게 미치는 영향이 의사결정 기준입니다.

의사결정을 할 때 두 가지 기준을 가지고 판단해요. 첫째는 회사의 이익에 반하지 않고 이익을 창출할 수 있는가 하는 것이고, 두 번째는 구성원들에게 미칠 수 있는 영향은 무엇인가 하는 것이에요.

인터뷰에 응한 임원의 약 25%가 회사의 이익에 도움이 되는가를 의사결정의 첫 번째 기준으로 꼽았다. 이는 기업의 임원으로서 당연할 수 있다. 표현과 상황은 조금씩 다를 수 있지만 궁극적으로 조직에 도움이 되는 성과를 내지 못하면 임원은 존재 이유를 잃게 된다.

📁 구성원들의 동의와 지지를 얻을 수 있는가?

임원들이 두 번째로 꼽은 의사결정 기준은 구성원들의 동의와 지지이다. 의사가 결정되었을 때 업무를 수행하는 주체는 결국 구성원이기 때문에 협의 과정이 매우 중요하다. 모든 의사결정 과정에서 일일이 구성원들의 동의를 구할 수는 없지만, 임원이 의사를 결정할 때 구성원의 관점에서 검토하려는 노력은 반드시 필요하다.

글로벌 제조회사 임원 L

구성원의 동의가 없으면 실행이 어렵습니다.

구성원의 동의와 지지가 의사결정에서 가장 중요한 기준이죠. 구성원들이 동의하지 않은 의사결정은 제대로 실행되기 어려워요. 구성원들은 동의하지 않는 일에 몰입하지 않아요. 실천하려는 의지도 적죠. 저는 업무를 분장할 때 구성원들이 먼저 협의할 기회를 줘요. 만일 협의가 되지 않을 때는 책임을 져야 할 중간관리자에게 더 많은 업무를 분장합니다. 구성원들이 자율적으로 업무를 합의할 기회를 제공하고, 합의에 이르지 못할 경우 리더에게 책임을 물어서 구성원들이 더욱 적극적인 태도로 합의에 이르도록 유도합니다. 또 주어진 업무에 대해 구성원들이 서로 미루거나 무임승차하지 않도록 책임감 있게 일하는 사람에게 더 많은 기회를 제공하죠. 저는 이런 기준을 조직의 규칙으로 자리 잡게 함으로써 의사결정의 공정성을 확보했습니다.

대기업 전자회사 임원 K

구성원 모두를 만족시킬 수 있도록 설득하고 결정합니다.

업무를 진행할 때 함께 일하는 구성원들과 협의가 중요하다고 생각해요. 새로운 업무가 주어졌을 때 가장 먼저 그 업무를 해야만 하는 상황을 구성원들에게 설명하죠. 그런 다음 앞으로 예상되는 어려움이 무엇인지 설명하고 구성원들의 의견을 직접 들어봅니다. 이런 과정을 거치지 않으면 다른 부서와 함께 진행해야 하는 프로젝트의 경우 심각한 어려움에 직면할 수 있어요. 다른 부서와 회의를 하게 되었을 때 사전에 구성원들과 협의가 되어 있지 않거나 구성원들의 의견을 반영하지 않았을 경우 회의 결과에 대해 구성원들이 만족하지 못하는 경우가 많거든요. 가령 임원이 혼자 회의에 참석하여 다른 부서와 업무 분장을 하게 되면 구성원들의 반발을 부를 수 있어요. 사전에 구성원들의 동의를 얻으려면 시간과 노력이 들고, 다른 부서에 내부 계획이 노출될 수도 있지만 그렇게 하는 것이 결국 일에 대한 만족도를 높입니다. 정작 임원의 의사결정 능력이 중요한 것은 내부 의견이 50대 50으로 팽팽하게 맞설 때입니다. 이때의 결단이 임원으로서 리더십을 발휘하는 순간 아닐까요?

다양한 의견을 수렴하였는가?

사람은 본인이 경험하고 이해할 수 있는 일들은 한계가 있다. 시간상으로 물리적으로 모든 일을 다 경험할 수 없기에 본인이 마주하는 일들에 대해 때때로 온전히 확신하고 의사결정하기 어려울 때가 있다. 이런 상황에서도 의사결정을 하여야 하는 임원으로서는 다른 사람으로부터의 경험과 의견을 해석하고 나의 판단에 참조가 되는 정보로 사용하고자 하는 욕구가 있다.

대기업 전자회사 임원 K

다양한 정보를 활용해 판단합니다.

의사결정 시 가능하면 다양한 의견을 들어야 해요. 의견은 개인의 견해이기도 하지만 때로는 사소한 말 한마디에 중요한 정보가 담겨 있거든요. 의사결정 과정을 통해 여러 정보를 수집할 수 있죠. 특히 의사결정 과정에 참여하는 사람들의 전문적인 의견은 단순한 정보 조각이 아니라 오랜 경험과 노하우가 융합되고 결합되어 있는 고부가가치 정보인 경우가 많아요. 가능한 다양한 의견을 접하고, 그 속에 담긴 정보들을 활용하여 판단하는 것이 중요하죠. 사람마다 처해 있는 환경과 접하는 정보가 다르기 때문에 사람들의 의견 역시 매우 다양합니다. 다양한 의견 속에 담겨 있는 중요한 정보들을 뽑아 판단의 단서로 삼는 것은 의사결정권자의 중요한 능력 중 하나이죠. 따라서 의미 없어 보이는 의견일지라도 자신의 다양한 경험과 관점으로 재해석해야 합니다. 즉 선입견을 버리고 사소한 정보도 놓치지 않고 예민하게 받아들여 보는 것이죠. CTO로서 그런 방식으로 의사결정을 많이 했고, 판단의 결과도 비교적 정확했다고 믿습니다.

대기업 IT 회사 임원 J

객관적인 데이터와 여러 의견 및 경험을 통해 결단을 내립니다.

어떤 사안에 대해 의사결정을 할 때 가능한 객관적인 데이터를 바탕으로 검증하려 노력합니다. 연구원 출신인 저는 직관보다 객관적인 데이터를 더 신뢰하지만, 기술의 최신 동향을 분석하여 객관적으로 사업화를 위한 선행 개발 프로젝트를 결정하기는 쉽지 않아요. 날마다 새로운 기술이 등장하고, 한창 주목받던 기술도 언제 사라질지 모릅니다. 이런 경우는 여러 명의 영향력 있는 전문가의 의견을 들어보고 최종적인 의사결정을 하는 게 좋아요. 즉 자신의 판단력에 더하여 타인의 경험과 지식에서 나온 정보를 참조하는 것이죠.

이처럼 조직의 명운이 걸린 이슈일 경우 내부인사들만으로 결정하기 어려운 일도 있다. 그런 경우에는 의사결정 전에 다양한 전문가의 의견을 참고하는 것이 좋다. 그러려면 다른 사람의 의견을 고부가가치 정보로 인식하고 많은 정보를 청취하려는 자세가 필요하다. 이런 절차를 통해 과거의 경험이나 감에 의존하여 의사를 결정하는 휴리스틱스(Heuristics)2에서 벗어날 수 있다.

---

2 사람들은 불충분한 시간, 충분하지 않은 정보로 인해 과거 경험이나 지식에 의존해 판단하거나 굳이 체계적이고 합리적인 판단이 필요 없는 상황에서 신속하게 어림짐작으로 판단하고 행동한다. 이것을 '휴리스틱스(Heuristics)'라 한다.

중견기업 전자회사 임원 H

효율성뿐만 아니라 사람에 대한 가치도 기준입니다.

의사결정에 있어 가장 중요하게 생각하는 기준은 가치와 효율입니다. 가치와 효율을 판단하려면 "이 결정을 통해 얻고자 하는 것은 무엇인가?" "투자 대비 효과는 무엇인가?"를 질문해보면 됩니다. 때로는 효과가 작더라도 반드시 해야 하는 일도 있어요. 그럴 때는 "이것이 어떤 가치가 있는 일인가?" 혹은 "이 일은 어떤 의미가 있는가?"를 다시 질문하죠. 그런 다음 가장 효율적인 방법이 무엇인가를 또 묻습니다. 이 질문들이 곧 의사결정의 기준인 셈이죠. 여기에 추가로 '이 결정이 사람들에게 어떤 도움을 줄 것인가? 혹시 상처받는 사람은 없는가?' 까지 고려해요. 의사결정 기준을 가치에 두는 사람들은 그 일이 이익 관점에서 부족하더라도 일의 의미에 초점을 맞추는 것이지요. 모든 일을 효율성만으로 판단하지 않고 정성적인 측면을 중요하게 여길 수 있어야 가치 있는 일을 할 수 있다고 생각해요.

REVIEW

임원들은 의사결정을 함에 있어 다양한 기준들을 고려하고 있다. 그중에서 수익 창출을 목적으로 하는 조직이기에 회사의 이익이 그 판단의 첫번째 기준이다. 그리고 업무에 있어 구성원들의 동의와 이해를 고려하는 것이 매우 중요하다. 이외 다양한 이해관계자의 의견 및 정보에 대한 고려, 그리고 의사결정이 가지는 정성적인 가치에 대한 판단 등이 중요한 기준으로 인식되고 있다.

Q 가장 어려운 의사결정은 무엇입니까?

모든 사안에 획일적인 기준을 적용할 필요는 없지만, 임원들은 나름의 의사결정 기준을 가지고 있다. 의사결정 기준이 명확하다고 하더라도 힘든 결정을 할 때가 있다. 임원이 된 이후 경험하게 되는 힘든 의사결정 순간들로 인해 개인적으로 심적인 갈등, 가치관에 대한 혼동 등을 겪으면서 임원으로서 짊어지고 가야 할 무게를 절감하기도 한다. 이와 같은 힘든 의사결정 순간들은 매우 다양하게 개인에게 나타난다. 때로는 개인의 성향과 다른 결정을 하게 하는 조직의 목표에 직면하기도 한다. 또 조직 안에서 서로 다른 목적을 가진 집단과 개인들의 의견을 조율하는 과정에서 선택적 의사결정을 하여야 하는 순간들을 만나기도 한다. 구체적으로 임원들은 어떤 결정을 가장 힘들어할까?

🗄 인사(人事)

인사가 만사라는 말이 있듯이 인사는 신중하게 결정해야 한다. 특히 회사가 급박한 상황에 인위적인 구조조정을 진행할 수밖에 없을 때 임원의 고충은 이루 말할 수가 없다. 구성원들을 평가하여 그 결과에 따라 퇴사나 전보 등 인사 조치를 해야 하기 때문이다. 오랫동안 정들었던 사람들을 보내는 것도 힘든데 본인이 떠날 사람을 직접 골라내는 것은 더욱 힘들다.

금융회사 임원 J

핵심 인재의 미래보다 회사를 위해야 할 때가 있어요.

저는 떠나려는 사람을 잡아 두는 것이 개인적으로 더 힘들어요. 회사의 상황이 좋지 않게 되면 회사를 떠나려는 사람들이 증가하고, 다른 경쟁사에서도 핵심 인재를 스카우트하기 위해 노력하죠. 상황이 좋지 않더라도 회사로서는 업무의 연속성을 위해 반드시 유지해야 할 인력이 있어요. 문제는 회사가 필요로 하는 사람들은 대부분 어느 기업에서든 일을 잘할 사람들이라는 거죠. 이직해도 좋은 조건을 제시받는 게 당연하고요. 이들의 미래를 책임지지 못 할 경우 인간적으로 떠나도록 배려하는 것이 맞지만, 임원은 회사에 도움이 되는 방향으로 움직일 수밖에 없습니다. 그래서 저는 그들을 회사에 남아 있도록 설득하는 것이 가장 힘든 일이었어요.

공공기관 임원 L

오류인 걸 알지만 인간적 관계를 근거해 평가하게 됩니다.

임원은 때로 정치적인 판단을 해야 해요. 그럴 때 직원들을 상대 평가해 줄 세우는 것이 가장 힘들었어요. 성과가 비슷한 직원들의 경우 상대 평가를 할 만한 명확한 근거가 부족했기 때문에 어쩔 수 없이 저와 업무 관계를 생각해서 줄을 세웠어요. 결과적으로 저와 커뮤니케이션이 잘되고 인간관계가 좋은 사람에게 우수한 평가를 주게 되는 거죠. 반면 제가 기획한 내용에 대해 비판적이거나 회의적인 반응을 보이는 사람, 그리고 의구심이 많고 이의를 제기했던 사람들은 좋지 않게 평가하게 됐어요. 평가자가 범하는 오류인 걸 알면서도 어쩔 수 없는 선택이기도 했죠.

구성원들은 인사 평가에 민감하다. 향후 경력관리는 물론 급여 수준에도 영향을 미치기 때문이다. 그러나 더 중요한 것은 인사 평가가 성취동기나 조직에 대한 소속감, 그리고 자신감과 자부심에 영향을 미치는 것이다. 평가는 늘 차등이 있기 마련이고, 그 결과는 구성원들의 삶과 직접적인 관련이 있다. 그래서 인사는 늘 어렵다.

제한된 인력과 자원

많은 의사결정은 선택이라는 과정을 거친다. 선택은 취하거나 버리는 것으로 그 대상은 조직 안에서 인력 및 자원에 관한 경우가 많다. 기업의 목표를 위해 주어진 제한된 인력과 자원을 최대한 효율적으로 사용하도록 누군가 조율하는 역할을 하여야 한다. 이런 과정에서 가능한 합리적이고 동의가 되는 결정을 위해 임원은 고민하고 또 노력한다.

대기업 건설회사 임원 S

잘 키운 인력은 이직하고, 기술력을 갖춘 인력 확보는 어렵고

건설회사에서 사업본부장으로 일하면서 늘 인적 자원의 부족으로 어디에 무엇을 우선으로 지원할 것인지를 의사결정 하는 것이 어려웠어요. 한때 법정 관리로 회사 운영이 매우 어려웠던 때가 있었어요. 지금은 점차 경영상황이 나아지고 있지만 극복하는 과정에서 인력을 대폭 감축하는 등 적지 않은 후유증을 앓았죠. 2019년 초까지 필요 인력의 절반도 안 되는 인력으로 사업을 운영해야 했어요. 사실 지금도 회사가 안정 단계에 접어든 것이 아니기 때문에 현장이나 본사에서 구인 광고를 내도 원하는 수준의 인력을 채용하기 힘듭니다. 경영상황은 조금씩 나아지고 있지만 새로운 사업을 확장해 나갈 기술적 역량을 갖춘 인재들이 지원하지 않아 인력 충원이 안 되고 있죠. 이렇게 인력 수급이 어려운 가운데 본사나 현장에서는 인력을 지원해 달라고 아우성치고 임원으로서 고민하지 않을 수 없죠. 정말 아쉬운 점은 회사가 어려워지니까 유능한 인재들이 대거 회사를 이탈했어요. 회사가 어려워지기 전 직원들에게 충분한 교육 기회를 제공해서 기술 수준과 역량을 크게 향상시켜 놓았는데 회사가 어려움에 처하니까, 핵심 기술을 보유한 인재들이 경쟁사의 러브 콜을 받아 이직하고 말았죠. 인력 부족은 단기간에 해결하기 어려운 문제죠. 특히 기술력을 갖춘 인력확보는 더욱 어렵죠. 제한된 시간 안에 현장 업무의 문제가 없도록 인력을 지원해야 할 때 고민이 많이 생깁니다.

대기업 제조회사 J 전무
동기부여를 위한 포상제도, 형평성에 막혔죠.

제일 어려운 것은 조직 간의 형평성을 유지하는 문제죠. 국내 대기업 임원을 거쳐서 협력회사 대표이사로 부임한 후 회사에 포상제도를 운영했어요. 매달 시상을 하다 보면 지난달에 어느 부서에서 누가 받았는지를 항상 따지게 됐죠. 누가 잘했는지를 따져야 하는데 조직관리 차원에서 형평성을 생각하게 되더라고요. 잘하는 곳만 편애한다는 소리를 듣는 것이 부담스럽고 타 조직의 동기부여 차원에서 실제 포상제도의 취지와 달리 나눠

먹기식이 되고 말았어요. 이후 형평성에 대해 생각하면서 한정된 자원과 기회를 어떻게 운용할 것인가를 늘 고민합니다.

이처럼 조직의 자원은 늘 한정되어 있다. 리더는 한정된 자원을 효과적으로 분배하고 배치해야 한다. 하지만 자원을 요구하는 부서가 많기 때문에 늘 판단의 어려움에 직면한다. 가능하면 조직 간 형평성을 고려하여 결정하지만 충분하지 못한 자원으로 인하여 내부의 갈등이 야기되기도 한다. 이와 같은 상황을 고려하여 최적의 자원 배분 결정을 하는 것이 리더에게 요구되는 중요한 능력이다.

💼 의사소통

조직에서 일한다는 것은 구성원들과 함께 공동의 목표를 위해 협력하는 것이다. 하지만 사람마다 생각이 다르고, 원하는 것이 다르며, 일하는 방식도 다르다. 리더는 소통을 통해서 각자 다른 개성을 가진 사람들을 모아 하나의 몸처럼 움직이게 만들어야 한다. 구성원들을 하나로 묶으려면 서로 다른 이해를 일치시켜야 하지만 그 사람의 입장이나 상황에 따라 이해관계가 다를 수 있다.

금융회사 임원 J
성과를 내기 위해 장기간이 필요한 일은 구성원을 설득하기 어려워요.

일하다 보면 장기적으로는 조직에 도움이 되지만 단기적으로 효과가 불분명한 일을 할 때가 있어요. 조직 전체의 성과는 장기적인 안목에서 바라볼 수 있지만, 구성원들에 대한 평가는 단기적인 성과를 기준으로 이루어지기도 하죠. 그래서 단기적으로 효과가 불확실할 경우 구성원을 설득하기가 어려워요. 구성원들은 장기적인 일이 어려울 뿐 아니라 단기적인 성과를 기대할 수 없다는 것을 금방 파악해요. 임원으로서 구성원들에게 왜 그 일을 해야 하는지 설득할 수 있어야 하죠. 구성원을 설득하지 못하면 당연히 경영진도 설득하지 못합니다.

장기적으로 봤을 때 해야 하는 일은 맞지만, 그 효과를 측정하기 쉽지 않은 일을 추진하는 것은 임원으로서 가장 힘든 경우 중 하나이다. 그런 경우 구성원은 물론 경영진도 설득해야 한다. 또한 최고경영진이 사안의 의미를 이해하지 못하고 무엇을 결정해아 하는지 알지 못할 때도 마찬가지이다. 예를 들어 큰 규모의 장기 프로젝트를 진행할 때 단기적인 수익 창출이 목표가 아니라 미래를 위한 시도라는 것을 경영진에게 이해시켜야 한다. 설령 경영진이 이 프로젝트의 의미를 충분히 이해하고 일을 시작했다고 해도 프로젝트를 진행하는 도중에 즉각적인 성과를 요구할 때도 있다. 그럴 때 그 일을 추진하고 있는 임원은 허탈감을 느낄 수밖에 없다.

의사결정을 할 때 최고경영자가 오너인가 아닌가도 큰 영향을 미친다. 최고경영자가 오너인 경우 손실을 각오하고 의사결정을 할 수 있지만 여러 주주로 구성된 기업의 경우 혁신적인 시도를 하거나 손실까지 무릅쓰고 모험을 하기가 쉽지 않다. 그래서 오너가 의사결정을 책임지지 않는 기업에서 일하는 임원들은 의사결정을 하는 데 상당한 어려움을 겪는다. 최고경영진을 포함하여 설득해야 할 사람도 많고, 일을 추진하는 과정에서도 고려해야 변수들이 많다.

불확실한 미래에 대한 투자, 필요하지만 설득하기 어렵죠.

전자회사의 CTO로서 회사의 미래 기술을 발굴하고 개발 전략을 수립하는 역할을 담당했습니다. 과거의 전자산업은 제조업에 가까웠지만, 최근에는 IT와 AI 산업에 근접해 있죠. 따라서 새로운 기술이 기업의 미래를 좌우합니다. 제 결정에 따라 회사가 보유하고 있는 수많은 자원이 어느 방향으로 움직일 것인가가 결정됩니다. 그러나 미래의 기술은 늘 불확실성이 상존해요. 엄청난 자원을 투입하고도 실패하는 예도 있고, 반대로 중요하게 여기지 않았던 기술이 미래를 바꾸기도 합니다. 새로운 기술에 대한 투자 여부를 결정할 때는 항상 반대와 찬성이 첨예하게 구분될 수밖에 없어요. 저는 그래서 미래에 필요한 기술이라는 판단이 들면 반대하는 쪽을 설득하려고 최대한 노력했어요. 하지만 미래에 벌어질 일이기 때문에 설득의 근거를 제시하기가 어렵죠. 근거가 부족하면 반대하는 쪽과 의사소통이 힘들어요. 의사결정에 참여할 때마다 엄청난 양의 백데이터와 최신 기술에 대한 연구 현황, 그리고 경쟁사나 유사 업계의 동향 등에 대해 충분히 분석하고 준비해요. 여기에 그동안 경험과 직감은 물론 다른 전문가들의 의견도 참조하죠. 이런 결정을 통해 나온 것이 요즘 많이 언급되고 있는 배터리 개발입니다. 배터리 개발은 회사의 미래뿐 아니라 제 삶에도 큰 영향을 미치고 있어요.

이해관계가 얽혀 있는 상사들을 설득하는 것도 정말 어렵죠.

저는 업무상 의사결정이 최고경영자를 거쳐 자회사 CEO와 지주회사까지 동의를 얻어야 하는 경우가 많았어요. 제게 모두 상사들이면서 중요한 이해관계자들이죠. 의사결정에 참여하는 모든 이들이 그룹 내에서 중요한 직책과 역할을 하고 있기 때문에 이들을 설득하는 일이 가장 어렵습니다. 자회사와 관련이 있는 결정을 할 때는 그룹 지주회사를 통해 설득 작업을 벌이기도 해요. 3~4번씩 찾아가 설명하고, 다양한 자료와 데이터를 바탕으로 미래에 얻을 결과를 제시하기도 하죠.

많은 임원이 의사결정 과정에서의 의사소통에 어려움을 호소하고 있다. 가장 어려운 점은 역시 최고경영자와 생각이 다를 경우이다. 또 최고경영자와 합의를 거쳤다고 해도 추후 최고경영자의 생각이 바뀌거나 즉각적인 성과를 요구할 때 매우 난처하다. 임원은 의사결정권을 가진 사람으로서 조직의 상사와 구성원들은 물론 주변 사람들과 원활히 소통하는 것이 중요하다. 다양한 계층의 사람들과 소통하려면 상대의 관점에서 그들의 관심과 듣고 싶어 하는 결과에 대해 끊임없이 고민하고 준비해야 한다. 소통의 결실은 당장 거둘 수 있는 것이 아니라 오랜 시간과 노력을 통해 나중에 얻어진다.

기업의 임원들은 각자의 환경에서 나름의 기준을 가지고 최고의 선택을 하고자 노력하지만 때로 자신의 의사결정이 잘못되거나 애초의 의도대로 추진되지 못하는 상황이 발생한다. 문제가 발생하는 것은 주로 미숙한 커뮤니케이션, 사내 정치, 집단 혹은 부서 이기주의에 그 원인이 있다.

설득이 끝나도 끊임없이 소통해야 합니다.

모두를 만족시키는 선택은 거의 기적과 같은 일이라고 봐요. 그래도 최선을 다해서 위로는 최고 의사결정권자를 이해시키고, 아래로는 구성원들에게 전략의 방향을 공유하고자 노력하죠. 겨우겨우 설득의 과정을 마무리하고 세부 업무를 진행하기 시작하면 또다시 문제가 불거져 나옵니다. 아무래도 일이 진행되는 과정에서 여러 가지 새로운 업무가 추가되면 실무자들의 불만이 터져 나오기 시작하는 거죠. 차장이나 부장급의 반발이 가장 심해요. 그들도 자신들만의 일하는 방식과 고정관념을 가지고 있고, 팀원들을 설득시켜야 하기 때문이에요. 어느 날 실무자 중 한 명이 저의 결정을 이해할 수 없다고 위의 상사를 찾아가 자기중심적인 어려움을 호소하는 상황이 발생했어요. 저와 소통을 했다면 충분히 들어줄 수 있었을 텐데 서운하고 아쉬운 사건이었죠. 그 때문에 오랫동안 공들인 일이 의도대로 추진하지 못했어요.

충분한 커뮤니케이션이 성공적인 결과를 만듭니다.

매년 100개 정도의 상품 모델을 개발합니다. 이 중에는 시장에서 성공하는 경우도 있고, 기대만큼 잘 안 되는 경우도 있습니다. 저의 업무 특성상 해외에 있는 50여 개 해외법인과 협업을 진행하고 있어요. 그러다 보니 복잡하고 다양한 커뮤니케이션을 통해 의사를 결정하지요. 연간 개발하는 100여 개의 모델 중 기대만큼 성공적이지 못한 모델들을 분석해보니 해외

법인과 충분한 커뮤니케이션이 진행되지 않았거나 고객보다 판매자의 입장에서 의사를 결정한 경우가 대부분이었어요. 그래서 저는 소통의 오류를 방지하기 위해 여러 차례 직원 교육 및 점검을 시행합니다.

사내 정치가 소통을 방해할 때도 있다. 체계가 느슨한 조직일수록 사내 정치를 하는 사람이 눈에 잘 띄고 열심히 일하는 것처럼 보인다. 반면 체계가 잘 갖춰진 조직은 사내 정치가 잘 드러나지 않지만 사내 정치가 없는 것은 아니다. 체계적인 조직일수록 물 밑에서 진행되고 있다고 봐야 한다. 한 번 인간관계가 굳어지면 바꾸기 힘든 시스템이 되어 버린다. 그렇다고 조직 내에서 사내 정치가 꼭 나쁜 것만은 아니다. 사내 정치는 결국 자신의 영향력을 키우는 행위인 동시에 효율적으로 일을 추진하는 힘이다. 사내 정치의 위력이 시스템에 접목되면 훨씬 효력이 크고 파급력도 크다.

공공기관 임원 L

소통에도 기술이 필요합니다.

사내정치 때문에 어려움을 겪은 적이 있어요. 평소 대화를 해본 적도 없는 사람인데 저에 대해서 안 좋은 선입견을 품고 다른 사람에게 저에 대해 부정적인 이야기를 하는 것이었어요. 그 사람의 사내 정치 때문에 제가 추진하고 있는 업무가 번번이 난관에 부딪혔어요. 그 사실을 알게 된 후 태도를 바꿨어요. 누구와도 좋은 관계를 유지하려고 노력했고 의견이 부딪힐 때는 정면으로 반박하거나 상대를 공격하는 언행은 삼가했죠. 다른 한편으로는 자신의 의견을 반영하기 위해 우호적인 사람에게 논리와 명분을 제공하는 등 사전 작업에 공을 들였어요. 소통에도 기술이 필요했던 거죠.

공항운영기업 L 본부장
회사 내 이기적인 집단이 소통과 발전을 막을 때가 있죠

사회기반시설을 운영하는 회사에서 사업본부장을 맡고 있어요. 지속적으로 대형 프로젝트를 시행하도록 준비를 해 둬야 해요. 그렇지 않으면 막대한 시설 유휴화를 초래할 수도 있거든요. 그래서 시설투자계획 및 총사업비 관리 기능을 기획조정실로 이관하고, 급성장한 ○○항공사 수용을 위해 전용터미널의 조기 건설을 주장했죠. 제 주장은 많은 직원과 사외이사들로부터 지지를 받았는데 기술직과 노조의 반발을 불러왔어요. 결국 노조가 대표이사에게 저의 보직 박탈까지 요구하는 상황에 이르렀어요. 이들은 시설투자계획을 기획조정실로 이관하려는 것은 건설본부를 무력화하여 행정직의 헤게모니를 강화하려는 본부장의 숨겨진 의도라고 주장했죠. 물론 터무니없는 주장이었어요. 투자비 낭비를 방지하고, 전용터미널 건설을 통해서 수조 원의 예산을 절감하고자 했을 뿐이거든요. 이 사건을 겪으면서 저는 조직 내에 집단 이기주의와 부서 이기주의로 인한 갈등이 팽배해 있다는 걸 알았어요. 특히 국민의 세금으로 기반 시설을 운영하는 조직에서 집단 이기주의가 팽배하게 되면 국가경쟁력에도 엄청난 해악을 끼칠 수 있습니다.

업무적인 범위를 벗어난 조직 내의 다양한 미스 커뮤니케이션, 사내 정치, 지역 혹은 직렬 이기주의 등이 의사결정을 심각하게 왜곡할 수 있다. 의사결정의 왜곡은 임원과 구성원들의 노력을 물거품으로 만든다. 따라서 임원은 사전에 다양한 상황들을 예측하고 사전에 문제가 발생하지 않도록 철저히 준비해야 한다.

REVIEW

수많은 의사결정 가운데 임원들은 자신의 가치나 윤리 등과 상반된 의사결정을 하여야 할 때 가장 어려운 의사결정 상황으로 인식한다. 조직의 인사 결정, 제한된 인력과 자원 배분 그리고 구성원 및 경영진과의 복잡한 의사소통 상황을 어려워한다. 또한 사내 정치나 집단 혹은 부서 이기주의 등으로 인하여 본인의 의사결정 목적과 다른 상황으로 일이 전개될 때 인간적이고 심리적인 어려움을 겪기도 한다.

BEING AN EXECUTIVE

제 7 장

그들은
어떻게 성과를
창출하는가?

Q 성장과 동기부여는 어떻게 이루어져야 할까요?

성과에 대한 보상만이 동기를 제공하지 않는다고 미래학자 다니엘 핑크(Daniel Pink)는 말한다. 당근과 채찍 즉 상과 벌이 큰 역할을 한 것은 부정할 수 없지만, 개인의 창의성 발현이 훨씬 중요해진 오늘날에는 보상과 처벌이라는 두 가지 외재적 보상만으로 사람들에게 동기를 부여하기 어렵다고 강조한다. 그는 해결책으로 모든 인간이 가지고 있는 세 번째 욕구, 즉 제3의 드라이브에 주목한다.

제3의 드라이브란 내재적 보상, 즉 내적 동기를 말한다. 내재적 동기는 사람들을 자발적으로 움직이게 만드는 것이다. 자율성, 숙련, 목적이 내재적 동기이다.

많은 임원도 다니엘 핑크의 내재적 동기 이론을 현장에 적용하고 있었다. 그들은 구성원들이 지닌 잠재력을 최대로 끌어내기 위해 단순한 보상과 처벌 이상의 것들을 활용하고 있었다. 그것을 '사람들의 마음을 얻기 위한 노력'이라고 생각해도 좋을 것이다. 그들은 단지 근로계약서에 명시된 사무적 관계를 넘어 직원들의 마음을 얻고자 했다.

직급이나 직책과 관계없이 모든 직장인은 월급을 받고 일하기 때문에 주어진 일을 하는 것을 당연한 의무로 여긴다. 그러나 자신이 조직에서 쓰다가 버려지는 부품처럼 느껴진다면 어떤 마음으로 일하게 될까? 이런 생각을 임원도 한다.

대기업 IT회사 임원 J
일의 중요한 동기부여는 성장이다.

매일 매일을 바쁘게 살아가지만 1년이 지나도 스스로 성장하고 있지 않다는 현실을 문득 자각할 때가 있어요. 심각하게 고민에 빠지죠. 내가 이 일을 계속하는 것이 맞을까? 지금이라도 다른 일을 하는 것이 낫지 않을까 하는 고민을 해요. 어쩌다 보니 저처럼 이런 문제를 가지고 주변의 동료들이나 후배들에게 고민 상담을 많이 해주었어요. 여러 사람을 면담한 결과 가능한 한 그 사람의 전공이나 적성에 맞는 일을 할 수 있도록 업무 배치를 해야 고민을 줄일 수 있다는 것을 알았죠. 돈으로 동기부여를 하는 것은 한계가 있어요. 예를 들어 올해 A에게 보너스를 주었는데 다음 해에 B에게 주면 A의 동기는 약화되거든요. 저는 '성장'이 중요한 동기부여 요소라고 생각해요. 개인이 성장하고 동시에 조직이 성장하고, 성장한 조직은 개인에게 더 많이 성장할 기회를 줄 수 있고 선순환이 저절로 이루어지는 거죠.

구성원이 현재하는 일이 자신과 맞지 않는다고 느낀다면, 일의 중요성과 성장 가능성에 대해 인식시키기 위해 노력해야 한다. 자신이 하는 일을 통해 미래의 발전된 모습을 상상할 수 있다면 당장 힘이 들더라도 보다 적극적인 자세로 일에 임하게 될 것이다.

조직에 불만이 많은 사람은 잘난 사람과 비교해 피해 의식을 갖는 경우가 많다. 이들은 일의 성과를 실력의 차이보다 기회의 차이로 보는 경향이 있다. 반면 리더들은 구성원들 간의 성과 차이가 실력의 차이에서 생긴다고 파악한다. 실력이 기회를 만든다고 생각하는 것이다.

대기업 IT회사 임원 J
다양한 업무 경험의 기회는 성장과 동기부여가 됩니다.
사실 실력의 차이가 기회의 차이를 만드는 게 맞지만 일단 구성원에게 최대한 동등한 기회를 주려고 노력합니다. 그 방법으로 순환 근무를 시키는 것이에요. 조직에서 다양한 경험을 하도록 하는 거죠. 그 과정에서 성장할 기회를 주는 것인데요. 내부적으로 어려움이 있을 수 있지만, 전체적으로 보면 다른 업무에 대한 이해를 높이고 업무영역도 넓어져 함께 성장하는 데 도움이 됩니다.

글로벌기업 전자회사 K 지사장
인정과 질문을 통해 직원의 자율성을 높여줍니다

성장에 대한 동기부여가 성과의 차이를 만드는 게 맞습니다! 제 팀원들은 저보다 나은 사람들이에요. 저는 리더의 역할을 맡은 사람으로서 팀원들이 잘할 수 있도록 해줘야 하죠. 리더랍시고 구성원들이 잘못하는 점을 일일이 지적하고, 하는 일에 직접 개입하게 되면 구성원들은 금세 일에 대한 흥미를 잃어요. 또 저의 의도와 어긋나는 점이 있더라도 쌍방향 소통을 통해 문제를 해결하는 것이 중요합니다. 구성원들의 고충을 들어주고 이해하며 격려하는 과정에서 저절로 문제가 해결되는 경우가 많거든요. 구성원 스스로 동기를 가지고 일에 임하면 당연히 성과도 좋습니다. 자율성이 높은 직원이 좋은 성과를 낸다고 믿어요. 저는 직원들을 인정해주고, 그 사람들이 어떤 생각을 가지고 있는지 질문하려고 노력해요. 그래서 '여러분 생각은 어때요?' '그래서 어떻게 하면 좋겠어요?'라는 질문을 자주 던져요. 그들이 일을 해야 하는 이유를 스스로 찾게 해주는 것이 중요하거든요. 제가 어떤 것이 맞거나 다르다고 판단하면 그 순간 의견 대립이 일어납니다. 그러니까 리더는 판단할 필요가 없어요. 그냥 믿어주는 것이 중요한 거죠. 내가 '이거는 좀 아닌 것 같아!'라고 느끼는 것은 내 생각일 뿐이에요. 내가 어떤 것을 주장하면 반발심이 생기죠. 대신에 '그렇게 하는 이유가 뭐죠?' '본래 의도한 것이 이것이었나요?' '계획한 대로 가고 있는 것 맞나요?' '일하는 데 어려운 점은 뭡니까?' '잘하고 있어요'. 라고 말해주면 됩니다. 더 이상 말이 필요 없어요.

구성원들에게 계속 잔소리를 하게 되면 그 일에 대한 책임의 일부는 리더에게 돌아올 수밖에 없다. 리더가 개입하거나 간섭하는 순간, 구성원들은 리더의 눈치를 보게 되고, 리더의 의도에 맞추어 일하게 되기 때문이다. 더구나 지속해서 일에 간섭하게 되면 그 일이 지시한 대로 되어가고 있는지 계속 바라보고 있어야 한다. 리더가 해야 할 일이 점점 많아지고, 그에 대한 책임도 점점 커지는 것이다.

글로벌기업 전자회사 K 지사장
어려운 문제를 마음 편하게 드러낼 수 있게 합니다.

중간 점검 같은 것도 하지 않아요. 대신 문제가 있으면 빨리 신호를 보내라고 말하죠. 해결하기 어려운 문제가 생기면 레드 플래그(Red Flag)를 올리라고 해요. 그런데 저는 그 문제가 어떤 것인지, 또 어떻게 해결해야 하는지를 보지 않습니다. 붉은 깃발이 올라오는지 안 올라오는지만 봐요. 대개는 깃발이 올라오는 순간 그들 스스로 해결 방안을 찾아요. 레드 플래그는 계획한 대로 진행이 안 되고 있을 때, 뭔가 갭이 생겼다는 것을 알려주는 신호죠. 내가 하는 일은 '숨기지 말고 알려라'는 신호를 보내고, 구성원들이 마음 놓고 문제를 드러낼 수 있는 환경을 조성해주는 겁니다. 그런데 구성원들이 깃발을 올렸을 때 리더가 지나치게 관심을 가지면 구성원들은 잘못을 지적한다고 생각할 수 있습니다. 그러면 다음부터는 깃발을 안 올리게 되죠. 그러니까 문제가 생겼을 때는 '어떤 도움이 필요한가, 무엇을 도와주면 되는가'만 체크하면 됩니다. 가끔 무심하게 구성원들에게 이렇게 말해요. "나랑 오래 일할 생각하지 마세요. 나랑 일하면서 몸값을 충분히 올린 다음에 밖에 나서서 능력을 발휘하세요."

함께 일 하면서 성장한다고 느끼는 것이 곧 동기 유발이다. 리더가 자신의 성장을 돕고 있다고 느낄 때 구성원들은 최선을 다해 관심에 보답한다. 금전적 보상이나 승진 같은 외재적 보상도 중요하지만, 급여를 받기 위해 일하는 구성원들도 자신이 성장하는 모습을 보면서 즐거움과 보람을 느낀다. 사람은 일하면서 성과를 내고 그 과정에서 성장하는 느낌을 받을 때 더 열심히 일한다. 주위에서 인정을 받으며 지속해서 성장하는 사람은 돈 때문에 일한다고 생각하지 않는다. 구성원들이 성장한다고 느끼는 순간은 칭찬과 인정받는 순간이다. 칭찬과 인정은 효과가 좋은 동기부여 방법이다.

중견기업 전자회사 임원 H
낯간지러운 칭찬보다 솔직한 피드백을 합니다.

저는 지키지 못할 약속은 안 하고 싶어요. 칭찬과 인정에도 좀 인색한 편이죠. 대신 헛된 희망을 품게 해서 나중에 실망할 수 있는 약속보다는 성과에 대해 정직하게 보상해주는 것이 더 중요하다고 생각해요. 공정하게 보상하는 것만으로도 구성원들은 열의를 갖고 일하거든요. 기본적으로 회사가 동기를 부여하는 곳은 아니라고 생각해요. 긍정적인 사고를 가지고 열심히 일하는 사람들은 동기부여가 필요가 없죠. 이미 잘하고 있기 때문에 진급이나 인센티브로 보상해주면 충분합니다. 그런데 의욕도 없고 성취 욕구도 전혀 없는 사람들에게 동기를 부여한다는 것은 정말 어려워요. 보상은 어차피 경쟁을 통해 주어지는 것이니 모두에게 줄 수는 없다고 생각합니다. 그런데도 누구에게나 보상을 약속하면서 동기를 부여하는 것은 무책임한 일이겠지요. 그래서 저는 당근을 제시하는 동기 부여는 거의 하지 않습니다. 대신에 일에 대한 목적과 의미를 설명해주죠.

리더가 명확한 방향성을 제시하는 것은 중요한 동기부여. 구성원에 대한 신뢰를 바탕으로 권한을 위임하고 성과를 기다릴 줄 알아야 한다.

중견기업 전자회사 임원 H
믿고 맡긴다는 것은 최고의 동기부여입니다.

사실 저도 권한 위임을 잘하지 못합니다. 그런데 기업이 처한 상황과 관련이 있는 것 같아요. 회사가 처음 설립된 초창기에는 오너나 리더들이 열심히 간섭하고 일에 개입했거든요. 조직의 미래가 불안하기 때문이죠. 그런데 회사가 조금씩 성장하여 안정기에 접어들면 서로 역할을 분담하고 권한을 위임하는 경향이 생겨났어요. 그래야 구성원들도 성장하고, 기업의 미래도 보이기 때문이에요. 저는 회사가 설립된 초창기부터 성장기를 거쳐 성숙기까지 지켜봤습니다. 저도 처음에는 권한을 주는 것이 불안했지만 조금씩 손실이 없을 것 같은 아이템들을 구성원들에게 넘겨주기 시작했어요. 혹시 권한을 위임받은 사람이 실수하더라도 손실이 감당할 수 있는 수준이라서 부담을 최소화한거죠. 구성원들에게 맡겨 두면 일을 추진하는 과정에서 스스로 성장합니다. '믿고 맡긴다는 것' 구성원들이 성장하고, 그것을 본인이 직접 느끼는 것이 최고의 동기부여가 아닌가 싶어요. 저는 구성원들에게 새로운 커리어를 만들어 준 것을 가장 큰 성취로 여기고 있어요. 제가 주로 하는 일이 새로운 시장을 개척하고 새로운 서비스를 만드는 것이라서 일 자체가 구성원들에게도 늘 새로운 경험이자 성장의 과정이거든요. 그 결과 구성원들이 새로운 일에 관심을 가지고 역량을 키우면서 커리어를 쌓을 수 있었어요. 구성원들이 새로운 길을 개척하면서 자신의 능력을 확인하고 역량을 개발할 기회를 준 것이 제게는 가장 큰 성취에요. 늘 현재에 머무는 사람은 일에 재미를 느끼지 못하고 성장할 수도 없어요. 전 지금 부사장이지만 여전히 성장을 꿈꿉니다.

우문현답이란 말이 있다. '(우)리의 모든 (문)제는 (현)장에 (답)이 있다'는 말이다. 임원들은 오랜 경험을 통해 현장에서 답을 찾아야 한다는 사실을 잘 알고 있었다. 문제가 생기면 책상머리에서 그것을 붙들고 고민하기보다 직접 현장으로 내려가 실무자들의 목소리를 듣는다. 현장 실무자들과 직접 소통하고 공감하는 과정에서 문제의 해결책을 찾을 수 있는 것이다. 문제가 발생할 때마다 현장의 목소리를 듣는 것은 쉬운 일이 아니지만 많은 리더는 바쁜 일정을 쪼개어 현장의 목소리를 듣는 데 시간과 에너지를 쏟고 있다.

현장에서 답을 찾아야 하는 이유

첫째, 책상에서 기획한 것을 실제 현장에 적용 못 할 수 있다.

기획을 하기 전에 혹은 기획을 진행하면서 반드시 현장에서 적용할 수 있는지를 확인해야 한다. 문제는 항상 사소한 방심에서 비롯된다. 기획과 전략은 큰 그림을 그리는 것이다. 하지만 디테일은 현장에 있다. '디테일이 스케일이다.'라는 말이 있다. 아무리 원대하고 치밀한 기획도 현장에서 실행할 수 없으면 무용지물이 된다. 전략 수립도 중요하지만, 실행은 더욱 중요하다. 실무자일 때는 현장에서 검토가 가능하지만, 임원이 되고 나면 이런 절차를 소홀히 하기 쉽다. 현장은 멀고 시간은 부족하며 검토해야 할 사항은 많기 때문이다. 임원이 되면 가능한 현장에서 많은 시간을 보내며 진행 상황을 확인해야 한다.

중견기업 전자회사 임원 H

현장에는 답이 있습니다.

제가 실무자로 일할 때보다 임원이 되고 나서 오히려 현장과 더 가까워지려고 노력하고 있어요. 중요한 내용은 늘 담당자의 의견을 직접 듣고, 필요하면 현장 실사를 나가죠. 책상에서 몇 시간 동안 답을 못 찾고 헤매도 현장에서는 곧바로 답을 찾을 때가 있습니다.

둘째, 조직을 꾸려가려면 구성원들의 생각을 직접 확인해야 한다.

문서 형식을 통한 보고만으로는 현장의 상황을 정확하게 파악할 수 없다. 구성원들과 직접 대면하여 현장 상황을 듣고 느끼는 것이 중요하다.

구성원과 대화할 때는 진정성이 생명입니다.

저는 현장 경영을 중시해요. 점심이나 저녁때 팀별로 날짜를 잡아 식사하면서 팀원들의 이야기를 듣죠. 자연스러운 식사 자리는 조직의 분위기를 파악할 좋은 기회에요. 현장 분위기를 파악과 함께 팀에서 영향력을 발휘하는 오피니언 리더들도 살피죠. 물론 팀원들과 친밀감을 형성하는 것은 덤입니다. 팀원 중 한 사람을 체인지 에이전트로 임명해서 정례적인 자리를 마련하고 현장의 의견을 수집하기도 해요. 구성원들과 대화를 할 때는 진정성이 생명이에요. 의례적인 식사나 미팅은 오히려 팀원들에게 부담을 줄 수 있기 때문입니다. 리더는 진심을 가지고 구성원들과 만나야 해요. 그래야만 함께 같은 방향으로 사고하고 행동한다는 신뢰가 형성되죠.

🖼️ 사소한 관심도 동기부여가 된다

임원이 되고 나면 구성원들의 대소사를 챙기는 것도 필수 일과이다. 개별적인 이들을 일일이 알기도 힘들고, 설령 알았다고 해도 신경 쓸 겨를이 없는 경우가 많다. 그렇더라도 구성원들에게 항상 관심이 있다는 것을 보여주어야 한다. 그래서 점심시간을 이용해 구성원들과 관계를 관리하는 임원들이 많다. 가능하면 점심은 구성원들과 하되 일에 관한 이야기 대신 개인적인 이야기를 나누는 것이다. 그것이 일상화되면 구성원들은 자기 차례가 오기를 기다리며 쉽게 하기 어려웠던 이야기를 꺼내기도 한다.

셋째, 현장을 멀리하는 순간 감을 잃게 된다.

기술과 시장 환경은 하루가 다르게 변화하기 때문에 잠시라도 현장을 떠나 있으면 새로운 기술이나 시장의 변화를 알아차리지 못한다. 특히 실무에서 떠나 있으면 보고서 하나도 제대로 작성하지 못하게 된다.

공공교통운영기업 K부사장
동기부여가 되는 현장 속 진솔한 대화

아침 시간을 활용하여 구성원들을 챙깁니다. 아침에 30분 정도 부서를 돌아보면서 구성원들과 자연스럽게 개인적인 이야기를 나누죠. 의사가 환자들의 증상을 물으며 회진하듯이 부서를 돌면서 구성원들과 이야기를 나누면 현장에서 살아있는 정보를 파악할 수 있어요. 구성원들은 윗사람을 부담스러워하기 마련이에요. 특히 사무실로 따로 부르는 것을 경계하죠. 출근 무렵이나 점심시간에 자연스럽게 만나는 것이 상호 거리감도 줄일 수 있는 좋은 방법 같아요. 또 임원이 구성원들과 거리를 좁히면 중간관리자들에게도 긍정적인 신호를 보내는 효과가 있어요. 중간관리자들은 임원이 구성원들의 문제를 알기 전에 먼저 파악하려 노력할 거예요. 그렇게 되면 중간관리자와 구성원들과 관계도 훨씬 원활해지겠죠. 임원이 되고부터 독립된 공간에서 일 하기 때문에 팀장 시절보다 구성원들과의 의사소통이 대폭 줄어들었어요. 예전에 함께 일했던 팀장이 바로 앞에 있는 팀원에게도 구두가 아니라 사내 메일로 업무지시를 내리는 일을 본 적이 있었는데 저렇게 해서는 안 되겠구나 하는 생각이 들었어요. 저는 틈나는 대로 구성원들이 일하는 사무실을 방문해서 대화하는 시간을 자주 가져요. 담소를 나누거나 수행하고 있는 업무 현황을 공유하는 거죠. 업무지시를 할 때도 긴급한 상황에 아니면 사내 메일이나 SNS를 사용하지 않았습니다. 짧은 시간이라도 일정한 공간에서 서로 얼굴을 맞대고 진솔한 얘기를 나누는 것이 동기부여 차원에서도 타당하다고 봅니다.

대기업 엔지니어 출신 임원 K

임원도 실무와 현장 경험이 필요합니다.

현장이 기술이고 시장이며 고객입니다. 현장에 답이 있다고 항상 이야기하지만, 엔지니어 출신도 현장을 떠나 관리 업무를 맡게 되면 현장을 무시하거나 얕보는 경향이 생기기도 하죠. 현장에서 멀리 떠날수록 감이 떨어지게 돼 있는데 말이에요. 저 역시도 예전에는 제가 쓴 보고서가 최고였어요. 프로그램 개발에서부터 최종 보고서까지 제가 표준이었죠. 그런데 실무를 넘기고 훈수만 두다 보니 이제는 감이 너무 떨어져서 그때의 역량을 회복하기 힘들어요. 전략적인 사고는 향상된 것 같지만 실무역량은 떨어진 거죠. 만약 다른 데 가게 된다면 예전의 역량을 보여줄 수 있을지 의문이 듭니다.

Q 임원으로서 구성원의 변화와 혁신을 어떻게 이끌어야 할까요?

많은 기업이 최고의 리더와 최고의 인재들로 이루어진 드림 팀을 꿈꾼다. 물론 인재는 중요하다. 하지만 무엇이 최고의 인재들을 끌어들이는가? 최고의 인재가 모이면 반드시 최고의 결과가 나올까? 조직문화 컨설턴트인 랜디 로스 (Randy Ross)는 오랫동안 다양한 기업의 문제를 살펴보고 이를 해결하는 일을 해 왔다. 그는 수십 년의 경험을 통해 '관계가 해결책이다'라고 단호하게 주장한다. 『앞서가는 조직은 왜 관계에 충실한가』에서 랜디는 최고의 리더들은 숫자에 연연하는 대신 '관계'에 집중한다고 말한다. 자신의 팀, 고객, 비즈니스 파트너들과 탄탄한 관계를 맺는 순간, 앞서가는 조직이 만들어지는 것이다.

임원들도 한결같이 관계의 중요성에 대해 언급하고 있었다. 성과를 내려면 일하는 주체, 즉 사람의 마음을 얻을 수 있어야 한다. 리더에게는 다른 사람의 마음을 얻을 수 있는 역량, 즉 신뢰를 쌓을 수 있는 역량이 요구되는 것이다.

글로벌 제약회사 P 전무

현장과 상황에 맞는 자세 전환이 필요합니다.

인도 사업부 대표로 일할 때 관계의 중요성을 느꼈어요. 이미 두 명의 전임자가 인도에 가서 혁신적 정책을 실행하다가 실패한 뒤였죠. 제가 인도로 떠날 때 뉴욕의 보스는 인도의 톱매니지먼트(TMT)들과 관계를 잘 맺으라고 조언했어요. 현지 경영 관리자들과의 관계에 따라 성과의 승패가 달려 있다는 말이었어요. 아무리 좋은 전략일지라도 현지인들의 마음을 얻지 못하면 성공적으로 실행되기 어려워요. 그들이 함께 일하겠다는 마음이 없으면 실패할 수밖에 없지요. 현지 직원들의 마음을 얻지 못하면 파업은 하지 않더라도 태업의 방식으로 일의 추진을 방해할 수도 있거든요. 저도 사실 처음에 뉴욕 보스의 말을 제대로 이해할 수 없었어요. 하지만 인도지사에 부임하고 난 후 현지인들의 저항에 부딪히고 나서야 그 말의 뜻을 이해했어요. 한국에서는 구성원들끼리 무슨 생각을 하고 있는지 잘 알게 됩니다. 자주 만나 대화하고 술 한잔하면서 마음을 터놓는 과정이 반복되면 마음이 잘 통하는 관계가 되는데요. 한 번 좋은 관계가 형성되고 나면 서로에게 도움이 되려고 노력하죠. 가령 새로운 일을 추진하려고 할 때, 사전에 주변 사람들에게 의견을 구하면 어떻게 해야 할지 감이 잡히거든요. 그리고 한번 해보자고 건배하면 모두 협력도 잘하고요. 좋은 관계가 서로에게 도움이 된다는 걸 알고 있지요. 그런데 인도 조직에서는 달라요. 어떤 안건이 테이블에 올라오면 모두가 좋다며 동의하는 듯해요. 그런데 실제로는 움직이지 않을 경우가 많았어요. 저로서는 일종의 태업하는 것 같았죠. 나중에 알고 보니 새로운 시스템을 구축하면 모든 행동이 시스템으로 관리되는 변화를 수용하기가 쉽지 않았던 겁니다. 거기서 인도와 한국의 문화의 차이를 느꼈어요. 저와의 관계가 깊지 않아서 인도의 직원들은 자신의 의도와 생각을 터놓고 말하기가 힘들었던 거라는 사실을 나중에 알게 되었지요. 그런데 겉으로는 "보스가 최고"라며 속마음과 다른 반응을 보인 거죠. 확실하게 말할 수 없지만 카스트 제도가 무의식 속에 자리 잡아서 그런지 보스에 대한 충성심은 매우 높았죠. 한국보다 훨씬 더 권력이 잘 작동하는 문화에요. 그런데 거기에 함정이 있습니다. 공식적으로만 그래요. 실제 현장에 가면 이런저런 핑계를 대며 실행을 미루고 지연시킵니다. 그래서 새로운 전략을 사용했어요. 새로운 시스템 정착을 설득하기보다 한 사람 한 사람 일대일로 만나 긍정적인 관계를 쌓기 시작했죠. 아주 겸손한 자세로 대화를 나눴어요. 관계가 가까워질수록 더욱 진솔하게 다가갔고요. 조금씩 신뢰가 쌓이는 게 느껴졌죠. 솔직하게 제 생각을 전했어요. 3년 후에는 나는 이곳을 떠날 텐데, 남아 있는 인도 직원들끼리 잘 해낼 수 있을지 물었어요. 설상가상 3년 후에 특허가 풀려서 약 값이 떨어지면 지금 이대로 하는 업무 방식이 악재가 될 것이니 준비가 필요하다는 뜻으로 설득했지요. 현실적인 조언과 함께 진심 어린 걱정을 더 했습니다. 그러자 천천히 현지 경영관리자들의 마음이 움직이기 시작했어요. 당장은 힘들지만, 미래를 위해서 준비하는 것이니 함께 해보자는 생각을 하게 됐죠. 전 원래 임원 회의 때 목소리 큰 사람으로 통합니다. 소신을 자신 있게 밀고 나가는 스타일이죠. 하지만 인도에서는 그런 큰 목소리 대신 나긋나긋하게 다가갔어요. 항상 겸손함으로 노력했죠. 또 인도인들에게 칭찬도 아끼지 않았어요. 그들의 가치를 인정해 주는 말과 행동에서 그들이 달라지기 시작했어요.

어느 조직이든 변화는 쉽지 않다. 새로운 시도에는 많은 사람이 지지해주고 따라주어야 한다. 그런데 조직에서는 경쟁이 치열하다 보니 때때로 재를 뿌리는 일이 발생하기도 한다. 조직 전체의 미래를 위해 좋은 것 같지만 당장 자신에게 해가 될까 의심하면서 따르는 사람도 많다. 그런 사람들까지 내 편으로 만들고 설득해서 효과인 정책을 실행하는 일은 결코 쉬운 일이 아니다.

조직은 서로 유기적으로 관련되어 있다. 예를 들어, 영업부가 변하려고 하면 관련되어 있는 마케팅 관련 부서도 함께 변해야 한다. 그렇기 때문에 새로운 일을 시작하려면 유관 부서를 설득해야 한다. 간접적으로 관련이 있는 부서까지 설득하려면 그들이 수용할 수 있는 내용을 가지고 설득에 임해야 한다. 그것을 위해서는 정말 많은 공부가 필요하다. 인내심을 가지고 지속적으로 설득하다 보면 상대도 서서히 마음을 열며, 인식도 바뀌기 시작한다.

금융회사 임원 J
굳어진 조직문화를 바꾸려면 싸울 각오가 필요합니다.

변화와 혁신을 위해서 구성원들의 속성을 잘 파악하는 것이 중요합니다. 한 2년 정도 하니까 조금씩 알아주는 사람도 늘어나고 지지자도 나타나더군요. 인사나 교육 담당자들 사이에서 가장 먼저 정보가 흘러나옵니다. 그들이 먼저 다가와서 '지난번에 추진했던 일이 반응이 좋던데요?'라며 관심을 보이죠.

저의 첫 번째 회사는 M&A로 성장한 회사였어요. 서로 다른 회사가 합쳐지다 보니 과거에 소속되어 있던 회사 출신들 사이에 파벌이 생겼어요. 또 임원들을 중심으로 자기편으로 끌어들이려는 줄 세우기가 심했죠. 이 때문에 인사 평가 시즌이 되면 구성원들은 업무를 뒷전으로 미뤄둔 채 승진과 이동에 촉각을 곤두세웠어요. 임원들을 찾아다니며 로비를 하는 사람도 있었고, 경쟁자를 비방하며 깎아내리는 사람도 많았어요. 이 때문에 임원들은 구성원들을 관리하는 것이 몹시 힘들었어요.

저는 이런 문제를 해결하기 위해 파벌을 조성하는 인사들을 회사 밖으로 빼내고 라인을 정리했어요. 줄을 섰던 사람들을 서로 섞고 직급체계를 없애고, 서울과 지방을 돌아가면서 근무하도록 했죠. 또 지방에서 작은 왕국의 왕처럼 군림하던 임원들을 정리하고 인사에 불만을 품은 노조와 싸웠어요. 조직문화를 바꾸는 것은 습관을 바꾸는 것만큼 어려워요. 무려 4년 동안 제도와 환경을 새롭게 바꾸고, 새로운 기업문화를 정착시키기 위해 노력했습니다. 전쟁 같은 4년이었어요. 지금은 파벌로 인한 갈등이 거의 정리되고 조직 전체가 스마트한 분위기로 전환되었어요. 또 비즈니스 모델에 맞는 신규 인력의 채용이 증가하여 젊은 문화로 거듭났어요. 저의 보람이죠.

Q 임원으로서 부서 간 소통 문제가 발생하면 어떻게 해결하십니까?

'뷰카(VUCA)'란 변동성(Volatile)과 불확실성(Uncertainty), 복잡성(Complexity), 모호성(Ambiguity)의 머리글자를 조합한 신조어로, 불확실한 미래를 뜻한다. 뷰카는 냉전 종식 이후 변동성이 크고, 불확실하며, 모호해진 국제정세를 표현하기 위해 미국 육군대학원에서 사용한 군사용어다. 지금은 급변하는 4차 산업혁명 시대의 특징을 보여주는 신조어로 쓰인다. 말 그대로, 세상은 더 빨리 변화하고 예측하기 어려우며 점점 복잡해지고 있다. 일하는 방식에도 커다란 변화가 찾아왔다. 전통적인 리더십이 새로운 리더십으로 빠르게 대체되고 있다.

대개 리더라고 하면 완벽함, 카리스마, 통제, 권위 같은 특성을 떠올리지만 최근 리더의 특성이 공감, 소통, 유연성 등으로 변화하고 있다. 이는 성과를 내는 측면에서도 마찬가지다. 리더가 자신의 관점과 생각대로 사람들을 설득해서 끌고 가는 것도 필요하지만, 자신의 생각을 내려놓고 상대의 생각과 입장을 존중하고 조율하면서 협력을 끌어내는 역량이 점점 더 중요해지고 있다. 성과 창출의 가장 큰 원동력은 이해를 바탕으로 한 구성원들의 자발적인 몰입과 헌신일 것이다. 리더십의 핵심도 구성원들의 자발적 몰입과 헌신을 끌어내는 데 있다. 구성원들의 몰입을 끌어내기 위해서 리더가 자기주장만 하지 않는 것이 중요하다. 다소 시간이 걸리더라도 조직의 성과를 개인의 성장과 의미와 연결하는 작업이 필요하다. 구성원들의 개인적 요구사항이나 궁극적인 목적이 무엇인지 파악하여 연결점을 찾기 위한 노력을 꾸준히 하는 것이 중요하다.

임원과 구성원, 혹은 구성원과 구성원 사이에서 발생하는 큰 고충 중 하나는 상충하는 이해관계와 커뮤니케이션의 오해다. 이를 공정하고 합리적인 기준으로 해결하는 것이 리더의 중요한 역할일 것이다. 어느 회사나 조직 이기주의가 있기 마련이다. 생산공장, 영업, 경영지원 등 각 조직마다 원하는 것이 다르다. 같은 분야 내에서도 업무 분장이나 성과 배분, 책임 문제 등으로 인해 부서 이기주의가 존재할 수 있다. 팔은 안으로 굽는 법이기 때문에 어느 정도의 이기주의는 피할 수 없을 것이다. 또한 건강한 이기주의는 건강한 경쟁을 유발해서, 조직의 성과와 성장에 도움이 된다. 그러나 그 정도가 심해지면 조직의 성과와 성장을 저해하는 문제가 발생하게 된다.

민간 통신사 임원 A
실수와 오해를 부르는 나쁜 관례 바꿨습니다.

제가 처음 사업을 맡게 되었을 때인데요. 실제 마감 기한은 11월 30일인데, 영업부서에서는 시스템에 납기를 한 달이나 빠르게 10월 31일로 입력하고 있었어요. 납기를 앞당겨 입력해 두면 공장에서 납기를 넘겨도 문제가 없다는 거죠. 문제는 공장의 인식이었어요. 공장에서도 이 점을 알고 있었어요. '시스템 납기는 고객과 계약한 납기가 아니다'라고 알고 있으니 시스템에 입력된 납기를 반드시 준수해야 한다는 생각을 가지고 있지 않았죠. 약간의 사정이 발생하면 한 달쯤 납기를 연기할 수 있다고 생각하고 있었던 거예요. 제가 봤을 때는 심각한 문제였어요. 두 조직 간의 신뢰가 부족해 영업 쪽에서는 임의로 납기를 고치고, 생산 쪽은 그 사실을 뻔히 알고 있으면서 납기를 준수하려는 노력하지 않고. 만일 나쁜 관례가 만들어져 어느 한쪽이 실수를 저지르게 되면 고객과의 약속을 지킬 수 없는 상황이 발생할 수도 있으니까요. 그날 이후 그는 시스템에 입력하는 납기를 무조건 고객과 계약한 날짜로 입력하게 했어요. 그리고 이 사실을 공장과도 공유하고, 사전 관리를 통해 시스템 납기를 반드시 준수하도록 했죠. 그리고 납기를 어길 시에는 강하게 책임을 묻겠다는 점을 강조했어요.

대기업 임원의 경우 다른 계열사로 자리를 옮겨야 하는 경우도 종종 있다. 다른 계열사로 옮기면 새로 만나게 되는 사람들과 처음부터 다시 관계를 맺어야 한다. 그만큼 소통하기가 어렵고 단기간에 협력을 유도하기도 힘들다.

대기업 전자회사 K상무
기존 환경과 융화되려면 겸손한 자세가 필요합니다.

저는 다른 계열사에서 상품기획 업무를 담당하다가 이쪽으로 옮겨왔어요. 아는 사람이 아무도 없으니 내부 커뮤니케이션이 가장 어려웠죠. 상품기획은 다른 부서의 설득과 이해를 구해야 할 일들이 많거든요. 그나마 CEO가 저를 확실하게 지지해주고 있었어요. 그 때문인지 사람들이 제게 우호적으로 대해주었죠. 그런데 어느 날 영업 담당 보스가 더 좋은 자리로 이동하면서 술 한잔하는 자리를 갖게 됐어요. 그분이 저보고 '당신이 처음 왔을 때 싫었어!'라고 말하더라고요. 잠시 당황했어요. 왜 싫었느냐고 물으니 "내부에도 인재들이 많은데 굳이 다른 계열사에서 사람을 데리고 와야 하나, 하는 생각이 들었거든. 하지만 지난 1년간 함께 일 하면서 많은 도움이 되었네. 지금은 너무 좋아. 그런데 이제는 내가 다른 곳으로 가야하니 아쉬운 마음뿐일세." 라고 말해주었죠. 진심 어리게 소통하려고 했던 그간의 노력이 헛되지 않았다는 생각이 들었어요. 만약 CEO의 지지만 믿고 교만하게 굴었다면 조직에 적응하기가 쉽지 않았을 거예요. 누구나 처음엔 굴러온 돌에 불과하거든요. 굴러온 돌이 안착하려면 자리 잡을 터전을 살피고 잘 다져야 해요. 그렇지 않고 다른 돌을 빼내기 위해 여기저기 좌충우돌했다면 기존 환경과 융화하기 힘들었을 거예요.

대기업 전자회사 임원 K
협상으로 윈윈전략을 이끌어냅니다.

연구소장으로 일하면서 부서 간 협력의 필요성을 절감했어요. 사업부에도 개발팀이 있었기 때문에 연구소와의 협업이 어려운 점도 많았어요. 협업이 원활하게 이루어지도록 하는 것은 막혀 있던 통로를 뚫어주는 것과 같죠. 회사 차원에서 보면 사원부터 시작해 대리, 과장, 팀장, 임원이 되어가는 과정은 하나의 흐름이에요. 연구개발 과정도 흐름이 중요합니다. 작은 아이디어에서 시작하여 완제품이 나오는 프로세스를 얼마만큼 정확하고 단순 명료하게 진행하느냐가 관건이죠.

물론 그 과정에서 쉬운 것은 하나도 없어요. 단순 명료한 것만 추구하다 보면 취약한 부분이 생기기 때문이에요. 살릴 것은 살리고 취약한 부분은 보완하고, 없는 것은 집어넣으면서 프로세스를 정밀하게 다듬는 과정이 중요해요. 이 과정에서 가장 중요한 것은 소통이에요. 연구소와 사업부 개발팀과의 협력에 문제가 있었을 때, 제가 해낼 수 없다면 대표이사의 힘을 빌리거나 대표이사의 지시를 받아서 하는 일처럼 상황을 만들어야 하죠. 그마저도 시기를 놓쳤다면 담당 임원끼리 문제를 논의하기로 하고, 사전에 중간관리자들이 미리 만나 충분히 논의하도록 했어요. 그 과정에서 몇 가지 대안을 만들고 최종 결정은 위에서 할 수 있도록 다리를 만들어주었죠. 상대가 자신의 주장을 100% 받아들이게 할 수는 없어요. 의견이 팽팽하게 대립할 때는 상대가 내 것을 받아들인다면, 상대에게 무엇을 줄 수 있는가를 생각해야 해요. 협상은 이기고 지는 전략이 아니라 윈-윈 전략입니다. 상대에게 이익이 되는 부분을 강조해서 상대의 협력을 끌어낼 수 있어야 하죠.

Q 임원으로서 기업 내 관성적인 문제, 어떻게 해결하면 좋을까요?

글로벌 기업인 아마존의 CEO 제프 베조스는 2016년 주주들에게 보낸 서한에 이렇게 썼다.

"Day 2는 정체 상태입니다. 그 다음에는 서서히 퇴보하다가 매우 고통스러운 추락으로 이어지고 결국 죽음에 이르게 됩니다. 그래서 우리는 항상 Day 1입니다."

이것이 아마존의 'Day 1 철학'이다. 제프 베조스는 '프록시(proxy)에 저항하라'고 말한다. 프록시란 바람직하지 않은 자신의 행동이나 결정에 대한 책임을 돌리기 위해 사용하는 핑계나 변명을 의미한다. 누구나 프록시를 가지고 있다. 우리가 당연히 여기는 정책이나 절차도 프록시일 수 있다. 또 실패에 대한 두려움, 안 될 것이라는 생각, 도전 의식의 결여, 주변 사람들의 평가에 대한 두려움 등이 성과 창출에 방해가 되는 프록시의 일종이다. 프록시는 관성의 형태로 사람의 사고와 행동을 지배한다. 이미 정해져 있는 절차는 일의 효율성을 높이지만 때로 일을 망쳐 버리기도 한다. 새로운 사고와 행동이 필요할 때 이를 가로막기 때문이다.

재미있는 예가 있다. 러시아의 근위병이 허허벌판에서 보초를 서고 있었다. 한 사람이 물었다.

"왜 여기서 보초를 서고 있는가?"

그는 잠시 망설이다가 이렇게 대답했다.

"저기 있는 상사가 여기에 서 있으라고 하던데요."

그러자 상사는 다시 자기보다 높은 상사에게 그 이유를 물었고, 질문은 계속 이어졌다. 그 결과 허허벌판에서 보초를 서게 된 이유가 밝혀졌다. 옛날에 어느 왕이 꽃을 좋아하는 왕비를 위해 그곳에 꽃밭을 만들었었다. 꽃밭이 만들어진 이후 근위병에게 그곳을 지키게 했는데, 왕비가 죽자 꽃밭은 사라지고 허허벌판이 되었다. 그러나 그곳을 더 지키지 말라는 명령은 전달되지 않았다. 이 때문에 근위병들은 계속 그 자리에서 보초를 서게 되었다.

우리는 과거에 그렇게 해왔기 때문에 그대로 따라 하는 관성을 가지고 있다. 프록시에 저항하라는 것은 당연한 것을 당연하게 보지 않아야 한다는 인식이다. 왜 이렇게 하지? 더 나은 방법은 없을까? 라는 질문을 던지면서 관성에 도전하는 태도다.

대기업 전자회사 K상무
늘하는 일에 의문을 품고 수정했어요.

관성에 저항하는 것이 무엇인지 실제로 경험한 적이 있습니다. 디스플레이를 개발하는 과정에는 온갖 기능을 테스트하는 과정이 포함돼요. 그런데 개발과 생산과정에서 모든 테스트를 통과했는데도 TV에 장착한 후 똑같은 테스트를 또 반복했죠. 같은 공정을 두 번 하는 비효율이 생긴 거예요. 저는 '이 과정이 정말 필요한가?'라는 질문을 던졌어요. 이 질문을 붙들고 고민한 결과 결국 납품 이후의 테스트 과정은 사라졌어요. 또 실험하는 시료 수도 50%로 줄여 엄청난 시간과 비용을 절감할 수 있었죠. 물론 설득하는 과정이 쉽지는 않았어요. 품질에 관한 문제였기 때문이에요. 납품을 받는 쪽에서 양보하려 하지 않았어요. 만에 하나 품질에 문제가 생긴다면 완제품을 생산하는 기업의 이미지가 크게 훼손될 것이기 때문이었죠. 하지만 저는 디스플레이에 대한 철저한 연구를 통해 이런 과정이 중복이라고 확신했어요. 정밀한 자료를 가지고 CEO에게 보고해 승인을 얻어

냈습니다. 그리고 CEO의 승인이 떨어지자 모든 부서를 소집해 변화를 시도했어요. 지금도 모든 공정이 문제없이 잘 진행되고 있습니다.

회사가 성장해 가는 모습을 지켜보는 것은 정말 보람 있는 일이다. 그리고 리더로서 자신의 역할을 인정해주는 후배들이 많을 때 보람은 더욱 커진다.

중견 전자회사 K 임원
새로운 시스템 정착에는 시간과 인내가 필요하다.

경쟁하고 있는 다른 기업으로 자리를 옮겨왔어요. 처음에 부임했을 때 구성원들이 매우 깐깐하게 굴었죠. 기존에 해오던 것과 다른 방식으로 일을 하니까 거부감을 가진 것 같아요. 특히 엔지니어들은 정례적인 회의도 하지 않고 있었어요. 바빠 죽겠다면서 반발도 했어요. 다들 열심히 일하고 있었지만 서로 만나 정보를 공유하고 합의를 통해 의사를 결정하는 절차가 없었어요. 회의를 만들고 나서 처음에는 저항이 컸지만 1년이 지나자 필요할 때마다 회의를 요구할 정도가 되었어요. 새로운 시스템을 경험하면서 일하는 방식을 스스로 바꾼 것이죠. 새로운 방식이 정착될 때까지 2년 정도가 걸렸어요. 새로 옮긴 회사에서 새로운 시스템 만들고 사람들이 변화하고, 조직문화가 바뀌는 것을 보면서 보람을 많이 느꼈습니다. 변화는 당연하다고 생각하는 것에 의문을 품는 것에서부터 시작돼요. 새로운 행동이 더 나은 결과를 만드는 다는 것을 경험을 통해 알게 하면 사람들은 자연스럽게 변화하죠. 저는 회사를 옮긴 후배들에게 말이 안 통하고 시스템이 다르다고 불평할 필요 없이 새롭게 시도하고 일단 1년만 참으라고 조언합니다.

Q 임원으로서 장애와 문제에 어떻게 대처하십니까?

성과 창출을 위한 비법 같은 것은 없다. 그러나 임원마다 나름의 공통적인 노하우를 가지고 있었다. 가장 큰 공통점은 구성원들의 성장을 자극하는 동기부여, 현장 중심의 리더십, 관계 관리, 팀워크 구축, 관성의 탈피이다. 현실에 안주하지 않고 구체적인 목표를 설정하여 끊임없이 도전했다는 것 또한 공통적이다. 본인뿐 아니라 구성원들에게도 더 좋은 방법을 찾도록 질문하고, 함께 협력하여 목표를 달성해가는 과정을 철저히 점검했다. 성과를 창출하는 전략을 찾는 것을 중요하지만, 현장에서는 장애 요인을 파악하여 해결하는 것이 더 중요했다.

대기업 건설회사 임원 S
장애를 솔직하게 인정하고 최선의 해결 방법을 찾아야 합니다.

장애 요소가 있다는 것은 최선을 다하지 않았다는 방증이라고 생각합니다. 나도 마찬가지지만 구성원들도 최선의 방법이 있다는 것을 잘 알고 있습니다. 하지만 대충 안주하고 싶을 때가 있는 거예요. 직접 해결 방법을 알려주는 것은 효과가 없습니다. 그들도 알고 있는 방법이니까요. 리더는 질문을 해야 합니다. 다른 방법은 없을까? 더 좋은 방안이 있다면 뭘까? 그런 질문을 통해 구성원들이 최선의 방법을 찾고, 그것을 스스로 행하도록 유도해야 하죠.

KTX 역사를 건설할 때였는데 당시 저는 대리였지만 인력이 부족하여 공무 팀장으로 현장에 배치가 됐죠. 당시는 결혼 전이었기 때문에 밤낮없이 일에 매달렸고, 공사를 마칠 때까지 팀장으로 일했어요. 현장은 당초

계약보다 공사금액이 50%나 증가할 정도로 난이도가 높았어요. 설계대로 공사를 진행할 경우 준공 기일을 맞추지 못할 정도였어요. 하지만 설계를 변경할 경우 공사금액도 크게 증액되기 때문에 진퇴양난에 빠질 수밖에 없었죠. 결국 발주처를 설득하는 것이 관건이었어요. 그래서 설계에 어떤 문제가 있는지, 향후 부자재를 보강하거나 교체할 때 수급에 어떤 문제가 있는지를 파악하여 발주처에 공문도 보내고, 담당자를 만나 설득도 했어요. 문제는 돈이 아니라 회사에 대한 신뢰였어요. 그때 발주처 담당자를 만나서 이렇게 얘기했어요.

"이대로 공사를 진행하면 누수가 발생할 가능성이 큽니다. 이번 공사는 정부 기관은 물론 국민의 이목이 쏠려 있는데 이대로 진행하면 완공 후에 문제가 생깁니다. 발주한 기관은 물론 공사를 담당한 각 시공회사에 대한 신뢰가 무너질 겁니다. 돈보다 더 중요한 게 신뢰 아닙니까? 설계를 변경하면 큰돈이 들겠지만 우리는 공사비를 받지 않겠습니다. 협력업체에 지급할 공사비도 우리가 책임지겠습니다."

다행히 협의가 잘 되어 설계를 변경하고 공법도 바꾸었어요. 이 때문에 협력업체에 공사비를 더 지급했고, 회사는 발주처로부터 추가 시공에 대한 비용을 한 푼도 받지 못했어요. 몇 년이 지난 후 언론에 몇몇 KTX 역사에서 누수가 발생했다는 사실이 보도되었죠. 하지만 제가 맡아서 했던 KTX 역사만큼은 멀쩡했습니다.

리더의 성과는 구성원들의 손에 달려있습니다.

저는 엔지니어 출신이어서 그랬는지 제품이 좋으면 모든 기업이 사줄 거라는 막연한 생각을 가지고 있었어요. 그래서 대한민국에 있는 높은 빌딩마다 모두 전산실이 있을 테니 그곳에 우리 회사 제품을 모두 심겠다는 목표를 세웠죠. 워낙 글로벌 경쟁력을 가진 회사이고, 시장지배력 또한 컸기 때문에 충분히 이룰 수 있는 목표라고 봤어요. 한창 목표를 향해서 달려가고 있는데 어느 날 부서 워크숍에서 후배가 이런 말을 하더라고요.

"우리 회사가 망가지면 우리나라 큰일 나는 거 아시죠! 한국전력 서버에 문제가 생기면 전국이 정전되고, 한국통신에 문제가 생기면 전화도 불통되는 것처럼 우리 회사가 망가지면 수돗물도 안 나오고, 정부 기관 대부분이 마비돼요. 우리 자부심 가져도 됩니다!"

그 말을 듣고 정말 뿌듯해졌어요. 그동안의 노력이 헛수고가 아닌 것을 증명하는 거 같았죠. 목표를 일찍 이룰 수 있었던 몇, 몇 요인이 있어요. 구성원들에게 영업 파트를 배분할 때 가장 좋은 성과를 올릴 수 있는 곳부터 나누어 주었어요. 제일 좋은 성과를 올릴 수 있는 곳이 대기업이었고, 다음은 정부 기관이에요. 구성원들에게 어느 파트를 담당하고 싶은지 물어보고 가장 자신 있는 영역을 할당했죠. 그러다 보니 저는 가장 어려운 통신 시장을 담당하게 됐어요. 사실 통신 시장은 제 전공이기도 하지만 섣불리 다른 구성원에게 맡겼다가 잘못되면 큰 사고로 이어질 수 있어서 여러모로 제가 담당하는 게 맞았죠. 다른 사람들이 기피하는 국방기관과 교육기관도 제 몫이었어요. 영업활동은 힘들었지만, 전체적으로 보면 매출 규모가 작지 않았어요. 결국 사업은 특정 영역에서 성과를 올리기보다는 전체 파이를 키우는 것이 중요하거든요.

　또한 단기간에 좋은 성과를 올릴 수 있는 파트를 구성원들에게 배분한 것은 성공을 경험하게 해서 일에 대한 동기를 유발할 수 있기 때문이에요. 리더의 성과는 구성원들의 손에 달려 있습니다. 리더가 자신의 성과를 극대화하려면 처음부터 좋은 사람을 뽑아 잘 성장시키는 것이 중요하죠. 그래서 사람을 뽑는데 신중을 기했어요. 특히 제가 하는 영업은 솔루션 영업이고, 토털 세일즈를 하는 것이기 때문에 엔지니어 출신을 뽑는 것이 유리했어요. 엔지니어 출신으로서 영업을 해본 경험이 있는 사람을 찾아야 해서 인력을 충원하는 것이 정말 힘들었어요. 하지만 결국 좋은 사람들과 함께했고 기대했던 성과를 거둘 수 있었죠. 같이 영업했던 사람들 중에는 저와 함께 임원이 된 친구들이 세 명이나 있습니다. 다들 일찍 승진하는 바람에 내부에서 불만도 많았죠. 장기 집권하고 있으니까요. 하지만 아직도 제 부서의 1인당 생산성이 제일 높아요. 그래서 부서 직원들이 사람 좀 더 뽑자고 난리지만 저는 우리만 잘할 게 아니라 다른 부서 사람들도 성과를 올릴 수 있게 조금 더 고생하고 도와주자고 말합니다.

BEING AN EXECUTIVE

제 8 장

리더의 성과는
사람을
육성하는 것

Q 임원으로서 인재 육성은 어떻게 하면 좋을까요?

중국 진나라의 사상가 한비자(韓非子, 기원전 280~233년 경)는 이런 말을 남겼다.

'한 사람의 힘은 다수를 당해 낼 수가 없고, 한 사람의 지혜로는 만물을 이해할 수 없다. 하등의 군주는 자신의 능력을 다하고, 중등의 군주는 타인의 힘을 사용하며, 상등의 군주는 타인의 지혜를 동원한다(力不敵衆 智不盡物 下君盡己之能 中君盡人之力 上君盡人之智).'

장수가 아무리 무술에 능하더라도 혼자 힘으로 적군을 상대할 수 없고, 수만의 병사를 거느리고 있더라도 단련되어 있지 않으면 오합지졸에 불과하다. 기업도 마찬가지다. 리더가 뛰어난 역량을 지니고 있더라도 혼자서는 조직의 목표를 달성할 수 없다. 조직의 성과는 구성원들이 이룬 성과의 합이다. 다만 리더는 구성원들의 더 나은 성과를 낼 수 있도록 도울 뿐이다.

대기업 건설회사 임원 S
육성은 사람의 그릇을 키우는 일입니다.

육성은 사람에게 투자를 하는 것이라고 생각해요. 회사가 사람을 육성하고 있다는 생각이 들어야 구성원들은 '내가 부속품으로 쓰여지고 있다'라고 느끼지 않습니다. 반대로 회사가 자신들을 육성하고 있다는 생각이 들면 비록 힘이 들더라도 '내가 새로운 것을 배우는구나, 내가 성장하고 있구나!'라는 느낌이 들게 됩니다. 역량을 육성하는 것은 조직이 필요로 하는 기술이나 지식의 학습만을 의미하지 않습니다. 성장하는 사람은 그릇이 다르다. 지식과 기술을 습득하여 실력이 느는 것도 성장이라고 할 수 있지만 함께 일하는 사람을 품고 감당하는 그릇이 커지는 것이 진정한 성장이라고 할 수 있어요. 사람을 육성할 때는 리더십과 조직문화에 대한 교육도 병행되어야 하죠.

사람을 키우는 것은 농사를 짓는 것과 같다. 맹자(孟子)에 '조장(助長)'이라는 말이 나온다. '자라도록 돕는다'는 뜻이지만, 조급히 키우려고 무리하게 되면 오히려 망친다는 의미를 담고 있다. 어느 마을에 성질이 급한 농부가 살고 있었다. 봄이 되어 벼를 심었는데 가을까지 기다려 수확할 생각을 하니 마음이 급해졌다. 그는 모를 빨리 자라게 할 방법을 궁리하다가 벼 포기를 뽑아 올리기 시작했다. 벼 포기를 뽑아 올리니 어제보다 한창 키가 커 보였다. 그런데 이튿날 날이 밝자마자 논으로 달려간 가족들은 자리에 주저앉고 말았다. 벼들이 모두 시들어 죽어가고 있었기 때문이다. 육성은 먼 미래를 내다보며 밭을 갈고 씨를 뿌리는 것과 같다. 단기적인 성과를 위해 벼 포기를 뽑아 올리는 우를 범해서는 곤란하다. 성장은 하루아침에 이루어지지 않는다. 씨를 뿌리고 물과 거름을 주며, 묵묵히 때를 기다려야 열매를 얻을 수 있다.

대기업 건설회사 임원 S

조직적으로 자신을 육성하고 있다는 걸 알게 합니다.

육성 계획을 세우기 전에 팀장들에게 구성원 면담을 먼저 하라고 해요. 성과 달성에 필요한 개인의 역량이 무엇인지 정의하도록 하죠. 그런 다음 개인별로 필요한 역량을 함양할 방안을 준비하도록 요청합니다. 이 과정에서 인사 부서에 도움을 받아 교육프로그램을 준비하고, 필요한 정보를 얻습니다. 구성원은 팀장과 임원, 인사부서까지 나서는 걸 보면서 회사가 조직적으로 자신을 육성하고 있다는 걸 알게 되죠. 성장하고 발전할 수 있다는 분위기는 성과가 있는 조직을 조성하는 데 도움이 됩니다.

직장인들이 하는 말 중에서 가장 가슴이 아픈 말은 '회사에 입사하는 순간 성장이 멈추었습니다.'라는 말이다. 처음 직장생활을 할 때만 해도 그들은 날마다 성장하는 삶을 꿈꾸었을 것이다. 하지만 현실은 그렇지 않다. 매일 같은 일을 반복하는 느낌이 들면서 10년 후에도 같은 일을 하고 있을지 모른다는 불안감에 시달린다. 희망이 무디어지는 순간 그들은 성장이 멈추었다는 생각을 하게 된다. 그러므로 리더는 구성원들이 계속 성장하고 있다는 느낌을 들도록 해야 한다. 구성원들에 대한 육성을 소홀히 하면 그들은 조직의 부속품으로 수단으로 사용되고 있다는 느낌(feel used)을 갖게 된다. 구성원을 육성하는 것은 그들이 존재감을 느끼면서 가치 있다는 느낌(feel valued)을 갖도록 하는 것이다. 육성은 교육, 직무 순환, 코칭 등 다양한 방법으로 이루어져야 한다.

대기업 전자회사 임원 K
회사의 육성교육보다 중요한 건 발전하고자 하는 구성원의 의지입니다.
사람을 키우는 일은 정말 쉽지 않아요. 회사는 이익집단이기 때문이죠. 이익 집단은 급여를 지급한 사람의 능력을 최대한 활용해야 해요. 그래서 성과를 내지 못한 직원을 기업은 인정하지 않는 거죠. 기본적으로 기업이 원하지 않은 사람을 억지로 육성할 수는 없어요. 필요한 존재가 되어야 합니다. 그러려면 자기 자신을 포기하면 안 됩니다. 회사에서 육성 교육을 아무리 해도 더 나은 내가 되고자 하지 않는다면 아무 소용없습니다. 결국 육성은 스스로 해야 하는 자기 계발입니다. 교육과 코칭 등 육성프로그램이 많지만 가장 중요한 것은 스스로 일을 통해서 배우는 겁니다. 기회입니다. 새롭고 도전적인 프로젝트를 주고 그것을 해결하고 성취하고 마무리하는 과정을 통해 사람이 성장합니다.

Q 임원으로서 자신만의 구성원 육성 노하우가 있습니까?

육성 방법 1 | 성장 욕구 고려

글로벌 제조회사 임원 L

성장 욕구의 크기에 따라 도움이 다릅니다.

성장 욕구를 가진 구성원들은 교육프로그램을 알선하고 지원하는 적극적으로 방법을 찾아 주기도 하지만, 성장에 대한 욕구가 낮은 구성원들에게는 피드백을 통해 역량을 함양할 수 있도록 해야 합니다. 변화를 원하는 사람에게는 적극적으로 도와줄 방법을 찾아야 해요. 결국 성장 욕구가 강한 사람만이 좋은 성과를 올리고 조직에 기여합니다. 성장 욕구가 낮은 사람은 중간관리자에 머무는 경우가 많고, 육성하기도 어렵죠. 성장 욕구가 강한 사람은 교육 기회를 제공하거나, 도전적인 과업을 부여하면 동기부여가 돼요. 하지만 성장 욕구 약한 사람은 오히려 부담을 느끼고 회피하려고 하죠.

육성 방법 2 | 코칭

금융회사 임원 J

맞춤형 역량 개발을 합니다.

저는 코칭과 일을 통해 구성원들이 스스로 역량을 개발할 수 있도록 돕습니다. 1:1 면담을 통해서는 개발이 필요한 역량을 구체적으로 짚어주고, 일을 통해서는 부족한 역량을 개발할 수 있는 업무를 주어 일하는 과정에서 자연스레 역량을 함양할 수 있도록 하죠. 즉, 직원에게 원하는 역량의 요구수준과 현재의 발휘 수준을 명확하게 알려줍니다. 그러면 직원은 자신의 역량 수준 향상을 위해 스스로 노력합니다.

 육성 방법 3 | 교육

대기업 전자회사 임원 K
함께 성장하는 마인드가 필요해요.

아마 교육을 통해 역량을 개발하는 방법이 보편적일 겁니다. 그만큼 사람을 키울 수 있는 가장 좋은 방법은 역량 개발에 필요한 교육 기회를 충분히 제공하는 것이라고 생각해요. 많은 기업이 교육 기회를 제공하고 싶어 하지만 현실적으로 어려운 부분이 있어요. 기업은 늘 인력 부족에 직면해 있어요. 한, 두 사람이 교육을 받기 위해 자리를 비우게 되면 업무를 진행하기 어려워지거든요. 그래도 리더는 구성원들이 필요로 하는 교육 기회를 제공해야 해요. 교육을 받은 사람이 변화를 보이게 되면 다른 구성원들은 자신에게도 기회가 있을 것이라는 기대를 갖게 되고 이런 기대에 찬 분위기가 조직역량을 강화하거든요. 서로에게 기회를 주고, 서로를 도우며 함께 성장한다는 마인드가 형성되기 때문이죠.

대기업 전자회사 임원 L

가장 좋은 육성 방법은 일을 통해 배우는 거예요.

우선 구성원들의 경력을 통해 강점과 약점을 파악합니다. 그런 다음 면담을 통해 구성원이 갖추고 있는 역량과 부족한 역량을 확인하고, 앞으로 개발해야 할 역량과 진로를 제시해주거나 역량 개발에 적합한 프로그램을 제안하죠. 만약 업무 때문에 좋은 교육의 기회를 거절하거나 회피를 한다면 일정을 조율해서라도 다양한 경험을 할 수 있도록 배려하고 있어요. 이렇게 교육 프로그램을 세심하게 제공하고 있지만, 구성원의 성장을 돕는 가장 좋은 육성 방법은 일을 통해 배우는 것이에요. 일에서 배우지 못하는 사람은 어떤 프로그램에서도 교육 효과를 거두기 어렵거든요. 성장이 필요한 구성원에게 새로운 업무 기회를 제공하고, 그 일을 수행하는 과정에서 성과를 낼 수 있도록 칭찬하고 격려하면서, 그가 이룬 작은 성공을 수시로 인정해주는 것 역시 육성의 한 부분입니다.

REVIEW

구성원들이 좋은 성과를 내도록 하는 가장 확실한 방법은 그들이 한 사람의 몫이 아니라 두 사람 세 사람의 몫을 할 수 있도록 육성하는 것이다. 미국 GE의 회장이었던 잭 웰치(Jack Welch)는 '조직의 가장 무서운 적은 성과는 내지만 직원을 코칭 하지 않는 관리자이다'라고 했다.

1972년 심리학자인 알더퍼(C. Alderfer)는 인간의 욕구를 존재의 욕구(Existence needs), 관계의 욕구(Relatedness needs), 성장의 욕구(Growth needs)로 구분했다. 가장 높은 차원의 욕구가 성장의 욕구라는 것은 인간의 발달단계에서 의미하는 바가 매우 크다. 사람은 끊임없이 더 성장하기를 원하며, 이러한 욕구가 행동의 동기가 된다. 구성원들은 자신의 역량이 육성되는 것만으로도 좀 더 잘하고 싶다는 동기를 가질 수 있다. 임원은 조직의 성과목표를 달성하는 데 역량과 동기부여가 강화된 구성원이 꼭 필요하다.

Q 권한 위임에 대해서 어떻게 생각하십니까?

리더들은 권한 위임이 중요하며 이를 통해 더 큰 성과를 낼 수 있다는 것을 잘 알고 있다. 하지만 자신이 가진 권한을 다른 사람에게 위임하는 것은 현실적으로 매우 어렵다. IBM 연구소가 64개국 1,700여 명의 경영진을 대상으로 연구한 결과 기업 성과의 필수요소로 '직원들에 대한 권한 위임'을 꼽았다. 그러나 조직 내에서 권한 위임은 제대로 이루어지지 않는 것이 현실이다. 권한 위임이 이루어지려면 구성원들이 업무에 대한 전문성을 갖추고, 리더가 구성원들의 성과를 기대하고 신뢰할 수 있어야 한다. 만일 권한을 위임받은 구성원이 기대한 성과에 도달하지 못하면 리더는 그에게 위임한 권한을 거두어들이게 된다. 따라서 위임을 하려면 구성원들의 역량 강화가 선행되어야 한다.

권한 위임의 조건

권한 위임을 위해 필요한 조건이 있다. 먼저, 구성원을 동기부여 하여 주도성, 능동성과 창의성 확대를 통해 독립성을 갖도록 한다. 둘째, 구성원의 역량을 증대하여 부여된 업무를 충분히 수행할 수 있도록 해야 한다. 셋째, 권한을 이전하고 관계를 증진해야 한다. 넷째, 소통을 활성화해야 한다. 다섯째는 신뢰를 증대하는 것이다.

이를 이행하는 데는 두 가지 방법을 활용한다. 하나는 동기부여의 활용이다. 사람마다 특성을 이해하고 인정과 존중, 잠재력을 발휘하도록 한다. 둘째는 코칭

커뮤니케이션이다. 경청, 질문과 피드백을 활용한다. 다음 사례는 권한 위임의
조건을 실증해주는 좋은 사례이다.

 신뢰의 확보

대기업 전자회사 L 상무
권한 위임을 할 때는 신뢰를 확인하는 과정이 필요합니다.

권한 위임은 구성원들이 리더에게 신뢰를 주어야 가능합니다. 그래서
권한 위임을 할 때는 신뢰를 확인하는 절차가 필요하죠. 첫 단계는 작은
권한을 위임한 후 성과를 기대하는 단계입니다. 그다음 단계는 일이 진행
되는 중간에 점검하고 체크하는 단계이고요. 이 과정을 자전거 타는 것과
비교할 수 있어요. 처음 아이들에게 자전거 타기를 가르칠 때는 뒤에서
자전거를 잡아주고 방법도 가르쳐줍니다. 그러다가 아이가 넘어지지 않
으리라는 기대가 생기면 되면 뒤에서 자전거를 잡았다가 몰래 놓아주기
를 반복하는 거죠. 이 과정이 반복되면 어느 순간에 아이 혼자서도 자전
거를 탈 수 있다는 믿음을 갖게 됩니다. 이 단계를 마치면 비로소 권한을
위임할 수 있습니다. 이 과정에는 리더와 구성원 모두의 노력이 필요해
요. 리더는 구성원이 혼자서 문제를 해결할 수 있을 때까지 인내심을 가
지고 도와주어야 하고, 구성원은 자신의 역량을 키우기 위해 부단히 노력
해야 합니다.

독립성

대기업 전기회사 K 전무

최대한 독립성을 부여하고 결과에 따라 객관적인 코칭합니다.

구성원들에게 소관 업무에 대한 독립성을 최대한 부여했습니다. 그런 다음에는 기대에 다소 미치지 못하더라도 구성원들의 자존감이 무너지지 않도록 코칭을 하죠. 다만 핵심 인재로 육성하고자 하는 구성원에 대하여는 별도의 과제를 부여하여 성취감을 느낄 수 있도록 합니다. 이 경우에도 개인적 차원에서 과제를 부여함으로써 본인이 특권의식을 갖거나 다른 구성원이 위화감을 느끼지 않도록 배려합니다.

대기업 제조회사 J 전무

업무 분장과 책임의 한계를 분명히 하면 됩니다.

자연스럽게 권한을 위임하는 조직문화를 구축하는 데 각별히 신경을 쓰고 있습니다. 업무를 분장하고 각 업무 별로 책임의 한계를 분명히 해주고 나면 구성원들은 스스로 알아서 서로 소통하며 일합니다. 이런 문화를 점차 확대하다 보니 중간관리자들도 자연스럽게 권한을 위임하는 풍토가 정착되었습니다.

중견기업 제조회사 J 상무

믿고 소통할 줄 아는 리더가 권한 위임을 할 수 있습니다.

특별히 권한을 위임한다는 생각보다는 역할과 책임을 분명히 하는 것이 중요하다고 생각해요. 역할을 주고, 역할에 대한 책임을 분명히 하면 리더가 간섭하거나 개입하지 않아도 스스로 권한을 가지고 일에 임하게 되거든요. 자기 방식만 고집하는 사람은 다른 사람에게 권한을 위임하기 쉽지 않아요. 구성들의 역량을 믿어주고 항상 소통하며 배려해주는 리더만이 권한을 위임할 수 있죠.

리더는 위임하고자 하는 일의 범위와 내용을 명확히 하고, 그 일을 맡은 구성원의 자율성을 최대한 보장해주어야 한다. 위임 후에는 불안감에서 벗어나야 한다. 감시나 개입하고 싶은 욕구를 버리고 열린 소통을 통해 격려와 지원을 아끼지 않아야 한다. 권한을 위임받은 구성원도 리더와 수시로 소통하면서 상황을 공유하는 것이 필요하다. 권한을 위임받았다고 하여, 보고의 의무가 없어지는 것은 아니다.

Q 당신의 자리를 대신할 만한 후계자가 있습니까?

구성원을 육성하고자 할 때 가장 민감한 것 중의 하나가 후계자를 키우는 것이다. 누군가에게 특별한 관심을 두고 지속적인 신뢰를 표현하는 것은 리더 자신이나 구성원들에게 다양한 영향을 미친다. 먼저 리더의 관점에서 후계자를 키우는 것은 장단점을 동시에 안고 있다. 일반적으로 리더가 후계자를 육성하면 언젠가 그가 자신의 자리까지 치고 올라오지 않을까 하는 불안감이 생긴다. 이런 마음을 갖는 사람은 후계자를 육성할 수 없다. 능력을 갖춘 구성원을 늘 경계의 눈빛으로 바라보게 되면 본인과 조직 모두에게 해를 끼치는 것이다. 그런데 후계자가 있으면 본인이 더 좋은 기회를 얻을 수도 있다. 리더가 현재 조직에서 떠났을 때 후임자가 마땅치 않다면 영전의 기회를 놓칠 수 있다.

1. 목표설정
- 구체적인 성과목표 설정

2. 역량도출 및 정의
- 목표 달성에 요구되는 역량 도출 및 정의

3. 역량개발 위한 교육
- 요구수준의 명확한 전달
- 요구수준 대비 발휘 수준 평가
- 수행 수준 향상을 위한 교육

4. 경력 개발
- Career Path(경력경로) 설정
- 본인의 의견 반영

더 큰 자리를 위해 후계자 육성이 필요합니다.

후계자를 빨리 만드는 것이 필요하다고 생각해요. 사람들이 착각하는 것이 하나 있는데요. 자기 자리를 대신할 만큼 능력이 있는 사람이 있으면 언젠가 자기가 짐을 싸서 집에 간다고 생각하는 것이죠. 하지만 그 생각은 틀렸어요. 자기 자리를 대신할 사람이 있어야 더 큰 일을 하러 나갈 수 있습니다. 자리보전에만 신경 쓰면서 윗사람 눈치 보고 아랫사람을 경계하는 사람은 더 일찍 집에 돌아갑니다. 임원 정도 되는 사람들은 내 자리를 빼앗을 수 있는 사람을 빨리 만들어야 더 큰 자리로 올라갑니다.

 ## 육성의 방향

1단계 목표설정

육성을 위해서는 조직이 달성해야 하는 성과목표를 구체적으로 설정해야 한다.

2단계 역량도출 및 정의

성과목표를 달성하기 위해 필요한 역량을 도출하고 각 역량의 정의를 명확하게 한다.

3단계 역량개발 교육

성과 달성에 필요한 역량의 요구수준을 명확하게 설명한다. 그리고, 역량의 요구수준과 현재의 발휘 수준을 평가한다. 평가한 다음에는 부족한 역량을 육성하기 위한 방법을 찾아 교육을 진행한다.

4단계 경력 개발

장기적으로 경력개발계획(Career Development Planning)을 하고 각 직원에게 맞는 경력경로(Career Path)를 설정하고, 이에 따라 육성한다. 이때 유의할 것은 리더가 일방적으로 진행하는 것이 아니라, 직원의 의견을 반영하여 진행한다. 이유는 위에서 언급한 것처럼 개인의 성장 욕구를 고려해야 하기 때문이다.

구성원의 평가 기준과 보상 기준은?

급여나 승진 같은 보상은 구성원들에게 매우 중요한 문제이다. 보상은 그 자체가 목표가 되기도 하고, 동기부여의 강력한 수단이 되기도 한다. 하지만 보상이 공정하지 못하면 리더에 대한 신뢰도 낮아진다. 구성원들이 리더에 대한 신뢰가 낮고 공정성에 문제가 있다고 생각하면 평가 결과나 보상에 대한 수용성도 낮아진다. 따라서 구성원들을 통하여 조직의 성과를 창출해야 하는 리더에게 중요한 것은 평가의 오류를 최소화하여 승진이나 보상에 대한 공정성과 수용성을 확보하는 것이다.

보상의 가이드라인 제공

글로벌 제약회사 P 전무

누구나 이해할 수 있는 평가 가이드라인이 필요합니다.

성과 평가 시즌이 되면 고민이 깊어져요. 객관적으로 평가하려고 노력하지만 구성원들을 모두 만족시키는 결과는 존재하지 않죠. 그래서 평소에 구성원들과 자주 소통하고 목표를 설정할 때도 신축성 있는 목표를 잡도록 유도합니다. 구성원이 목표를 달성하지 못해도 크게 문제 삼지 않죠. 다만 구성원이 목표를 달성하지 못한 이유가 피할 수 없는 상황 때문이었는지, 아니면 게으르거나 의지가 없는 것인지 고려를 합니다. 거기서 평가가 갈리죠. 제 평가 방식이 어느 정도 정착되자 구성원들이 '평가 가이드 라인'을 이해하게 되었어요. 사실 평가나 육성에 관한 사항은 문서로 기록할 수 없는 것들이 많아요. 그래서 더더욱 구성원과의 소통하고 협의하는 게 중요합니다. 평가할 때는 그 구성원과 함께 상호작용했던 다른 부서 사람들의 피드백도 받아서 참고합니다. 부서 내부에서는 객관적인 평가가 어려울 때가 많거든요. 물론 인상 비평에 머물거나 인신공격이 포함된 피드백은 과감하게 배제하죠. 다른 부서에 피드백을 요청할 때는 협업한 업무와 관련하여 그 사람이 어떠한 역할을 했고 어떤 역량을 발휘했는지, 그리고 어떤 문제를 어떻게 해결했는지 등 구체적인 답변을 요구합니다.

조직에서 평가를 하는 이유는 보상의 크기를 정하기 위해서다. 하지만 보상의 크기보다 중요한 것은 그것이 결정되는 절차의 공정성이다. 보상을 결정할 때는 정밀한 원칙과 기준을 가지고 해야 한다. 사람은 자신이 남보다 낫다는 심리적 편향성을 가지고 있다. 남보다 적게 보상받으면 뭔가 불공정한 일이 벌어졌다고 생각한다. 사전에 평가의 기준을 명확히 밝혀야 하고, 평가와 보상이 이루어진 후에도 이해할 만한 이유를 제시할 수 있어야 한다.

글로벌 제약회사 P 전무

일은 스스로 해야 온전히 자신의 업적이 된다.

평가 기준에 대해서 구성원에게 설명을 할 때 항상 하는 얘기가 있어요. 어렸을 때 시골에 살았던 경험을 예로 드는데요. 예전에 눈이 많이 오면 집 앞의 눈을 치우곤 했어요. 새벽 일찍 일어난 아버지가 제게 집 앞에 쌓인 눈을 쓸라고 시키시니까 꾸역꾸역 나가서 치우는 거예요. 그럼 동네 어른들이 칭찬 한마디를 하시면서 지나가셔요. 고놈 참 부지런하네~! 눈을 치우고 있는 아들을 칭찬하시지만 사실 이웃 어른들은 다 알고 계세요. 아버지가 아들 교육을 잘 시키고 있는 중이라고 생각하십니다. 부지런한 아들을 두었다고 아버지를 칭찬하는 거죠. 아버지의 업적이 되는 겁니다. 그런데 아버지의 지시 없이 제가 스스로 쓸었다면 아버지는 동네 사람들의 칭찬에 쑥스러워하면서 아들이 한 일이라고 말씀하셨을 거예요. 그래서 직원들에게 상사의 지시로 하는 일은 여러분이 당연히 할 일을 한 것이고, 여러분이 스스로 한 것은 온전히 여러분의 업적이라고요.

🗄 평가 기준의 공유

리더는 평가와 보상을 결정하기 때문에 모두에게 박수를 받을 수는 없다. 모두의 박수를 받으려고 하면 가고자 하는 길을 가지 못한다. 리더는 자신이 추구하는 가치에 따라 분명한 원칙을 가지고 행동하면 된다.

대기업 IT회사 임원 K
중간관리자와 협의해 최대한 객관적인 평가를 합니다.

리더로서 인사평가가 가장 고민되는 문제에요. 모두 똑같이 힘들게 일하는데 누구는 좋은 점수를 주고, 누구는 나쁜 점수를 주기 어렵죠. 그래서 과장 시절에는 인사고과를 매길 때 사무실에서 하지 않고, 퇴근 후에 집에 와서 했어요. 그리고 인사평가 자료는 가능한 한 끝까지 보관했어요.

구성원들이 언제든지 평가 결과를 보여 달라고 하면 보여줄 생각이었거든요. 그런데 문제는 제가 근무하는 외국계 기업의 보너스 지급 방식이었어요. 성과급을 개인의 성과에 따라 직접 지급하는 것이 아니라 임원에게 성과급을 지급하면 임원이 개인에게 나누어 주는 방식이었어요. 영업사원들은 진급보다 보너스를 더 중시하는 경향이 있어요. 각 개인에게 얼마를 지급했는지 밝힐 수 없었기 때문에 성과급을 배분하는 것도 매우 고민스러운 일이었어요. 그래서 중간관리자들과 협의해서 구성원들의 성과 순위를 매기되 팀 단위로 성과급을 배분했죠. 다행히 이 문제 때문에 불만을 제시한 구성원은 없었어요.

대기업 제조회사 J 전무
멘토와 멘티로 장단점을 채워가요.

정기적인 평가 시기뿐만 아니라 분기마다 직원들의 장단점과 능력에 대해 피드백을 주고 있어요. 또 멘토와 멘티 관계를 만들어 유대감을 가지고 장단점을 채워 나갈 수 있도록 했죠.

대기업 전자회사 K 전무
인성도 평가합니다.

구성원들을 평가할 때 진정성과 업무에 대한 도전적 자세, 그리고 열정을 가장 중요한 기준으로 삼습니다. 아무리 업무능력이 우수하더라도 이기적인 사고를 가진 직원은 냉정하게 평가하죠.

보상에 대한 공정성과 수용성을 확보하는 방법은 간단하다. 연공서열에 개의치 않고 성과와 역량을 종합적으로 고려하여 구성원들을 평가하고, 왜 그렇게 평가하였는지를 공유하면 된다.

대기업 전자회사 임원 K

<u>스스로 일할 줄 알아야 합니다.</u>

저의 인사 평가 기준을 명확합니다. 사람은 스스로 일하기를 원하죠. 리더가 개입하고 감시하는 것을 좋아하지 않아요. 그렇다고 무작정 방목해서는 안 돼요. 적절한 울타리는 있어야 합니다. 그 안에서 마음대로 자율적으로 생각하고 행동하되 울타리를 넘어서면 안 됩니다. 방목은 하지만 방임은 아니라는 얘깁니다. 이런 기준을 설명해주면 직원들도 그것을 이해하고 자율적으로 일합니다.

Q 함께 하고 싶은 사람과 피하고 싶은 사람의 유형은?

리더는 모든 구성원을 배려하며 동기를 부여하여 조직의 성과를 달성해야 한다. 그러나 리더도 감정이 있어 함께 일하고 싶은 사람도 있고 피하고 싶은 사람도 있다.

대기업 IT회사 임원J
업무상황을 공유할 줄 아는 사람이 필요합니다.

전문성이 좀 떨어지더라도 해야 할 일을 이해하고 어떻게 하면 좀 더 효과적으로 그 일을 할 수 있는지 고민하는 사람, 자신이 이해한 내용과 진행한 업무의 상황을 리더와 공유하는 사람과 일을 하고 싶습니다. 자신이 하는 일을 제대로 이해하고 있는지 확인하면서 일을 진행을 하는 것이 시간 낭비를 줄이는 방법이기 때문이죠. 반면 피하고 싶은 사람은 멍청한데 게으르기까지 한 유형입니다. 일을 시켰는데 피드백이 빨리 오지 않을 때 정말 답답해요. 진행이 상황에 따라서 피드백이 있어야 막히는 문제가 생겼을 때 신속하게 해결 방법을 찾을 수 있는데, 문제를 다 키워서 오는 경우가 있어요. 제가 말하는 멍청함이란 일을 진행할 때 실수를 저지르는 것에 대한 것뿐만 아니라 혼자 해결하려고 드는 판단 미스도 포함돼요. 게으르다는 것의 의미 역시 일을 하지 않고 놀기만 하는 게 아니라 비효율적으로 일하느라 시간 낭비가 많은 것을 뜻합니다. 함께 손발이 척척 맞게 일하는 느낌이 드는 사람과 일하고 싶습니다. 일의 진척 상황을 파악할 수 있어야 무엇을 도울 수 있는지 어떻게 하면 업무 진행을 효과적으로 할 수 있는지를 판단할 수 있으니까요.

대기업 건설회사 임원 S

시간 약속을 잘 지키는 사람이 필요합니다.

저는 두 부류의 사람으로 나눕니다. 일에 시간을 맞추는 사람과 시간에 일을 맞추는 사람으로요. 자기 시간에 맞춰 일하게 되면 늘 일이 늦어지고 시간에 쫓기게 돼요. 처음에는 시간표대로 일이 진행될 것 같지만 막상 일을 시작해보면 문제가 발생하기 마련이에요. 일정이 어긋나는 것은 아무도 대신 해결해줄 수 없죠. 이미 시간이 부족하니까요. 그런 상태에서는 일을 제 시간에 마칠 수 없고, 성과의 질도 떨어져요. 바람직한 것은 일에 맞춰 시간을 자유롭게 조절하는 것이에요. 저는 그래서 자기 시간에 맞춰 일하는 사람을 피하고 싶어 합니다.

대기업 제조회사 J 전무

팀보다 자기 의견이 중요한 사람은 함께 일하고 싶지 않습니다.

피하고 싶은 사람은 자기 고집이나 가치관이 지나치게 강해서 리더와 항상 마찰을 일으키는 사람이에요. 반면 같이 일하고 싶은 사람은 자신의 역할을 정확히 이해하고 의사 표현을 꾸준히 하는 사람이죠. 가치관이 확실한 것은 좋지만 지나치면 독이 돼요. 특히 여러 사람이 함께 일하는 조직에서 타인을 배려하지 않고 자신의 의견을 고집하게 되면 팀워크가 무너지죠. 그렇다고 침묵을 지키는 것이 능사가 아니에요. 문제가 발생했을 때, 혹은 자신이 이해하고 있는 것과 현실이 상충할 때는 반드시 의견을 말하고 동료들의 생각을 확인해야 합니다.

금융회사 임원 J

잘 받아들일 줄 아는 사람과 일하고 싶습니다.

진취적이고 변화에 도전하는 사람, 어려운 일도 긍정적으로 받아들이는 사람, 호기심이 있는 사람과 함께 일하고 싶습니다. 반면 수용성이 떨어지는 사람, 말과 행동이 일치하지 않는 사람은 피하고 싶은 유형이죠.

대기업 전자회사 K 상무

부정적인 사람, 근거 없는 자신감으로 가득 찬 사람은 피하고 싶어요.

부정적인 사람을 가장 피하고 싶어요. 모든 일에 부정적인 사람은 조직에 부정적인 영향을 주거든요. 구성원들에게 보고서를 쓰더라도 부정적인 표현보다는 긍정적인 표현을 많이 사용하도록 요구하고 있어요. '안 됩니다'라는 표현보다 '그렇게 하려면 어떤 것이 필요합니다'라고 표현하는 것이죠. 두 번째로 피하고 싶은 사람은 근거 없는 자신감으로 무장되어 있는 사람입니다. 그런 사람은 되도록 멀리하고 싶습니다.

REVIEW

임원들이 공통으로 싫어하는 유형은 부정적인 사람이었다. 부정적인 사람은 일의 속도를 늦추고 다른 구성원들까지 부정적인 정서로 물들인다. 또 임원들이 공통으로 좋아하는 유형은 긍정적인 자세로 속도감 있게 일을 처리하며, 성과를 내는 역량을 갖춘 사람이다.

Q 구성원과의 원활한 소통을 위한 노하우가 있습니까?

리더의 의사결정 도구는 정보다. 따라서 리더는 현업에서 일어나는 일을 실시간으로 파악할 수 있어야 한다. 상위 직급이나 직책으로 올라갈수록 현업에서 멀어지게 된다. 경우에 따라서 조직 내부나 외부에서 발생한 일에 대해 가장 늦게 알게 되고, 심지어 왜곡된 정보를 얻게 된다. 이로 인해 잘못된 의사결정을 할 수도 있다. 그러므로 공식적이고 형식적인 보고에서 탈피하여 수시로 소통할 수 있는 채널을 확보해야 한다.

다양한 소통 방법 활용

공공기관 임원 L

먼저 다가갑니다.

기업 대부분은 독자적인 소통 채널을 구축하고 있어요. 회사 내부 시스템 즉, 전자결재시스템이나 그룹웨어 등을 활용하고 있죠. 하지만 공식적인 채널만으로는 충분한 소통이 이루어지기 힘들어요. 그래서 구성원들에게 먼저 다가가 소통하려고 노력해요.

대개 임원들은 중간관리자로부터 보고를 받지만, 현업에 있는 실무자들과 직접 소통할 기회가 많지 않다.

업무 보고는 업무를 직접 담당하는 직원과 함께 봅니다.

업무에 대해 보고받을 때 팀장이나 처장이 소관 업무를 직접 담당하는 직원과 함께 보고하도록 해요. 최근에는 대면보고나 공식적인 소통 채널 대신 메일이나 SNS를 활용하는 경우도 있는데요. 사적인 채널은 장점만큼이나 단점도 많아요. 공식적인 채널로 소통하기 어려운 문제들은 시공간의 제한 없이 실시간으로 소통할 수 있는 게 장점이라면, 개인의 프라이버시를 침해할 우려도 있죠. 따라서 SNS를 활용할 때는 구성원들과 협의를 거쳐 사용 범위와 시간 등에 대한 기준을 정해 놓는 것이 좋습니다.

대기업 전자회사 임원 L

소통 창구를 항상 열어둡니다.

구성원과의 원활한 소통은 육성의 첫걸음입니다. 구성원들에게 먼저 다가가 상황을 확인하고 도움을 줄 것은 없는지, 어떤 문제를 고민하고 있는지 등을 파악하고 함께 해결책을 찾죠. 소통이 열려 있으면 구성원들은 위축되거나 숨기지 않고 자신의 업무 상황을 노출해요. 또 자신의 성장을 위해 필요한 것이 무엇인지를 제시하기도 하죠. 구성원 입장에서 리더는 기꺼이 도움을 줄 수 있는 사람이에요. 리더는 자신의 성장을 고민하기보다 구성원의 성장을 어떻게 도와줄 것인가를 고민해야 합니다. 구성원의 성장이 곧 자신의 성장이기 때문입니다.

팀의 성과를 높이기 위한 노하우가 있습니까?

공동의 목표 달성과 보상

조직은 집단이 추구하는 공동의 목표를 달성하기 위한 사회적 단위(social unit)다. 조직은 분업과 협업을 통해 시너지를 극대화한다. 인간은 아무리 강해도 맹수 앞에서는 나약한 생명체일 뿐이다. 이런 나약함을 극복하기 위해 조직을 만들었다. 조직의 구성원이 된다는 것은 공동의 목표 달성을 위해 소통하고 협력하는 사회적 일원이 되겠다는 약속이다. 개인은 협력의 대가로 조직이 이룬 성과의 일부를 보상받는다. 그러므로 사회적 인간으로서 좋은 삶이란 공동체적 삶, 혹은 더불어 누리는 삶이다. 직장인 역시 마찬가지이다. 조직이 추구하는 공동의 목표 달성에 기여하는 것이 좋은 삶이다. 이에 대한 대가로 보상이 주어진다.

조직의 목표달성과 리더의 영향력

리더 역시 공동체의 일원으로서 공동의 목표에 기여한다. 다만 리더는 더 큰 영향력으로 구성원들의 협력을 끌어내기보다 효과적으로 목표 달성에 기여한다. 이때 목표를 달성한다는 명분으로 구성원을 수단으로 이용해서는 안 된다. 유능한 리더는 구성원들이 자율적으로 조직의 규범을 지키면서 자발적으로 협력하도록 동기를 부여한다. 구성원들에게 소속감과 자부심을 품도록 하여 책임감을 느끼고 조직에 기여하게 하는 것이다.

📦 팀 빌딩

팀 빌딩이란 조직 구성원들의 작업 및 커뮤니케이션 능력, 문제해결 능력을 높여 조직의 효율을 높이는 기법이다. 팀을 이루어 진행하는 업무나 활동을 성공적으로 이끌기 위해 필요하다. 팀 빌딩은 구성원들이 명확한 목적의식을 공유하게 하고, 그 목적을 성취하려는 의욕을 북돋는 것이 중요하다. 팀의 성공이 개개인의 성공보다 우선시되는 분위기를 만듦으로써 팀원들이 서로 적극적으로 협력하며 작업하게 만드는 것이 핵심이다. 그 밖에 구성원들이 서로 믿고 의지하는 관계 정립, 의사소통 개선, 구성원 각자의 임무 명확화 등을 통해 문제 해결 능력과 작업수행력을 향상 시킨다.

대기업 IT회사 임원J
조직의 구성원이 된다는 건 마라톤 경기를 함께 시작한 것과 같습니다.

조직에서 가장 중요한 것은 팀 빌딩을 하는 것이라고 생각해요. 팀은 다양한 개성과 전문성을 가진 다수의 팀원이 모여 공동의 과제와 목표를 수행합니다. 팀원들이 협력하여 고객이 원하는 품질(Quality), 비용(Cost), 납기(Delivery)를 충족시키는 과정은 하나의 스포츠 팀이 경기에 임하는 것과 같아요. 스포츠팀은 한 번에 한 차례의 경기를 하지만 기업은 동시에 복수의 과제를 꾸준히 하기 때문에 팀워크가 훨씬 중요해요. 그런 의미에서 조직의 구성원이 된다는 것은 한 사람이라도 낙오하면 중도 탈락하는 팀 마라톤 경기와 유사합니다.

한 사람의 팀원으로서 조직의 성과에 지속해서 기여하려면 내가 하는 일에 대해 자부심을 가질 수 있어야 한다. 또 전문가로서 자신의 역할을 감당하면서 동료들과 팀워크를 이뤄가기 위해서는 먼저 긍정적이고 원활한 소통 능력이 필요하다. 이런 사실을 모르는 사람은 없다. 실행이 어려울 뿐이다. 누구나 감정이 있어 모자라면 서운하고, 넘치면 부러워하며, 미치지 못하면 화를 낸다. 그래서 사람 관계를 유지하고 관리하는 것이 어렵다.

팀빌딩 | **소통**

중견기업 전자회사 J 상무

구성원 모두 상황 공유를 합니다.

구성원들이 부담감을 느끼지 않고 자유롭게 의견을 개진할 수 있는 환경을 만들려고 노력하고 있어요. 상대방의 잘한 것과 못한 것을 평가하기보다 서로 놓친 부분이 없는지 확인할 수 있도록 하죠. 이러한 대화를 통해 다른 사람이 하는 일을 어느 정도 이해할 수 있고, 내가 하고 있는 일에 대해 도움을 요청할 수도 있어요. 또 다른 사람이 하는 일을 알게 되면 내가 도울 수 있는 일이 무엇인지도 찾아낼 수 있죠. 열려 있는 소통은 결과적으로 협력적인 분위기를 형성하는 데 도움이 됩니다. 팀장이나 중간관리자에만 한정하여 책임 의식과 공동의 목표를 공유하도록 하는 것이 아니라 모든 구성원이 상황을 공유할 때 효과가 큽니다.

팀빌딩 │ 인정

소속감이나 자부심은 자신이 차지하고 있는 지위에서 오는 것이 아니라 자신이 하는 일의 가치에서 온다. 자신이 하는 일이 회사에 기여 정도, 비전 및 전략과의 연계성에서 오는 것이다. 구성원들에게 존재감이나 가치를 고취하려면 그들이 맡은 일의 의미를 잘 인식할 수 있도록 하는 것이 중요하다. 또 일을 시작하는 단계부터 모든 과정에 참여하게 함으로써 스스로 존재 가치를 느끼도록 하는 것이 필요하다. 또 CEO가 참석하는 중요한 자리에 참여 시켜 발표하도록 하거나 직접 인정받을 기회를 주는 것이 필요하다.

구성원들은 성과를 위한 수단이나 도구가 아니다. 누구나 존재 자체로 인정받기를 원한다. 사람은 자신이 하는 일에 의미가 있다고 느낄 때 자신의 삶도 의미 있다고 생각한다. 따라서 리더는 일의 의미와 중요성을 일깨워 줌(job-crafting)으로써 직무에 대한 만족도는 물론 의미 있는 존재라는 자부심을 심어줄 수 있다. 과거에는 금전적 보상과 같은 외재적 동기가 중요했으나 현재는 일의 의미와 가치, 성장, 성취감, 인정 등 내재적 동기가 더욱 힘을 발하는 시대이다. 따라서 동기부여 방법이나 소통 방법에 대한 변화가 필요하다.

Q 갈등관리 및 세대 차이 극복의 노하우가 있습니까?

어느 조직이나 갈등이 존재한다. 갈등의 이유는 다양하다. 생각이 다를 수 있고, 일하는 방식이 다를 수 있으며, 세상을 바라보는 관점이 다를 수 있다. 또 성격이 다를 수 있고, 선호하는 것이 다르며, 원하는 것이 다를 수 있다. 조직은 이런 다양한 사람들이 모여 공동의 목표를 추구한다. 따라서 함께 일하는 과정에서 작은 갈등은 피할 수 없다. 그뿐만이 아니라 남녀 차이, 세대 차이로 인한 갈등도 심하다.

갈등 관리 | 대화

조직의 협력적 분위기 조성을 위해서는 되도록 말을 적게 하되 다른 사람의 이야기를 많이 들으려고 노력합니다. 특히 조직의 특성상 전문지식과 경험이 풍부한 인력들이 많은 관계로 리더가 말을 적게 할수록, 구성원들의 아이디어들을 많이 얻을 수 있죠.

중견기업 제조회사 J 상무
그대로 받아들이는 노력이 필요해요.
저 역시 구성원들의 말이나 행동의 이유를 따지거나 평가하지 않고 있는 그대로 받아들이려고 노력합니다. 갈등은 결국 관계에서 나와요. 갈등을 줄이는 출발점은 내가 누구이고 어떤 스타일인지 알아가는 것이에요.

나를 먼저 알아야 상대의 사고와 행동도 이해할 수 있거든요. 사람을 알지 못하면 나를 제대로 알 수 없고 상대도 알 수 없습니다. 알지 못하면 상대의 진짜 모습을 보지 못하고, 상대를 제대로 보지 못하면 오해가 생기고, 오해는 갈등을 부릅니다.

갈등 관리 | 신뢰

대기업 전자회사 K 상무

솔직해야 신뢰가 쌓여요.

처음 부임했을 때 '내가 누구인지'를 알리기 위해 노력했어요. 사업부장이 인사를 하러 왔더라고요. 20분의 시간을 달라고 요청했죠. 직원들에게 저에 대한 소개를 했어요. 어떤 사람이고 어떻게 살아왔으며, 어떤 백그라운드를 가지고 있는지를 상세히 설명했죠. 저를 완전히 노출하고 나자 동료와 구성원들의 경계심이 줄어들고, 신뢰도가 빠르게 형성되는 게 느껴졌습니다. 자신을 숨기면 관계는 나아지지 않아요. 구성원도 똑같아요. 자신을 알릴 시간을 주죠. 매월 초에 자유롭고 편한 방에 모여 구성원 중 3명을 차례로 선정하여 10분 동안 스피치를 하자고 제안했어요. 이유는 두 가지였습니다. 첫째, 담당 업무를 사람들 앞에서 설명해 발표 스킬을 키우자는 것과 둘째, 겉모습 말고 자신의 내면을 팀원들에게 드러내자는 의도였죠. 개인의 성장 스토리나 특이한 취미 등을 보여주면 자신을 이해시키기 쉬워요. 예컨대 매일 정장 차림으로 출근하는 동료가 학창 시절에 머리를 기르고 헤비메탈을 하는 사진을 보여주면 신선하게 다가올 뿐 아니라 그의 진짜 모습을 훨씬 잘 이해할 수 있어요.

구성원들을 이해하는 데 가장 좋은 방법은 면담이다. 하지만 면담해도 속마음을 털어놓지 않는 경우도 많다. 그래서 내부적으로 갈등이 생겼을 때는 제 3자의 입장에서 바라보는 것이 필요하다. 좀 더 거리를 두고 제 3자의 관점으로 바라보면 서로의 입장이 돼 볼 수도 있다.

 ## 갈등 관리 | 시스템 정비

부서끼리 이해가 충돌하여 갈등이 생기는 때도 있다. 여러 부서를 아울러야 하는 리더에게는 정말 난감하지 않을 수 없다. 어느 팀을 지지하거나 비난할 수도 없다. 양쪽 모두 합당하게 여길 만한 이유가 있기 때문이다.

글로벌기업 전자회사 K 지사장
갈등을 해결하려면 리더 간의 소통이 잘 되어야 합니다.

조직 간의 갈등을 겪으면서 나름대로 해결책을 갖게 됐어요. 대개 조직 간의 갈등은 부서장의 갈등에서 시작됩니다. 탑(Top)이 갈등을 일으키면 팀원들도 상대 팀원들이 불편해지고, 사소한 갈등이 반복되면서 불만이 점점 커지게 돼요. 그런데 그때쯤 되면 부서장들은 슬그머니 갈등 관계에서 빠지고 팀 간에 묵은 감정만 쌓이게 되는 걸 자주 봤습니다. 리더끼리 갈등을 일으키면 조직이 잘 될 리가 없어요. 결국 갈등을 풀어야 하는 것도 리더들의 몫입니다. 과장 사이에 갈등이 있으면 부장이 풀어야 하고, 부장 사이에 갈등이 있으면 임원이 나서서 풀어야 해요. 따라서 갈등을 해결하려면 리더들 간의 소통이 잘되어야 합니다. 리더가 감정적으로 자기 부서만 옹호하게 되면 갈등이 점점 더 심해지죠.

갈등이 많다는 것은 시스템에 허점이 있다는 것이다. 시스템을 통해 모든 것을 결정하게 되면 갈등이 일어날 일이 별로 없다. 시스템에 문제가 있을 때, 혹은 시스템으로 해결할 수 없을 때 갈등이 생기는 것이다. 그래서 업무의 룰을 촘촘하게 갖고 있어야 갈등을 최소화할 수 있다. 그럼에도 불구하고 해결이 안 되는 문제들은 인간관계로 풀어야 한다. 특히 중소기업들은 시스템을 갖추지 못한 곳이 많아 갈등 역시 많다. 술 한잔으로 감정을 푸는 데는 한계가 있다. 그것이 모든 구성원이 수용할 수 있는 시스템을 구축해야 하는 이유이다.

갈등 관리 | 변화

최근에는 세대 차이로 인한 갈등이 심각한 문제로 대두되었다. 물론 세대 차이가 반드시 부정적인 것만은 아니다. 살아온 시대가 다르고 성장해온 환경이 다르면 사고나 행동 방식도 다를 수밖에 없다. 세대 차이는 어느 한쪽이 옳거나 그른 데서 오는 것이 아니다. 세대 간 차이는 세상을 바라보는 관점과 사고방식의 차이에 기인한다. 그래서 기성세대의 신중함과 신세대의 관점이 조화를 이루면 긍정적인 결과를 가져올 수도 있다.

나이 든 세대의 꼰대 짓도 용인해서는 안 되지만, 젊은 세대의 생각이나 행동을 무조건 이해해주는 것도 바람직하지 않다. 리더는 이 두 가지 태도를 절충할 수 있어야 한다. 리더는 기성세대에 속한다. 그래서 세대 간 갈등을 해소하려면 젊게 변해야 한다. 젊은이들의 사고와 행동을 이해하고 받아들이면서 기성세대의 목소리를 전달할 수 있어야 한다. 젊은 세대들은 "내가 ~할 때는 말이야"라는 말을 제일 싫어한다. 야근을 강요하거나 무조건적인 충성을 요구하는 것, 또는 시도 때도 없이 메시지를 보내는 행동을 삼가야 한다. 자신이 과거에 밥 먹듯이 야근을 했다는 얘기는 무용담이 아니라 무능의 표현일 뿐이다. 구성원들에게는 밤새워 일할 수 있는 동기와 기회를 주는 것이 중요하지, 자신이 과거에 그랬기 때문에 너희들도 그래야 한다는 얘기는 통하지 않는다.

글로벌 제약회사 임원 L

세대 차이는 이해하려는 노력만 있다면 문제가 없습니다.

세대 간 갈등을 사전에 방지하기 위해 신입사원이 들어오면 멘토를 정해 모르는 것을 알려주고 직장생활에 적응할 수 있도록 돕습니다. 또 문제가 생기면 솔직하게 얘기하도록 함으로써 실수를 두려워하지 않는 분위기를 조성합니다. 매 순간 세대 차이를 느끼기도 하지만 마음을 열고 서로를 이해하려고 노력하기 때문에 큰 문제는 없지요.

과거에는 상사가 시키는 일은 어떻게든 해내야 했다. 하지만 지금은 그 일을 왜 해야 하는지 설명하고 이해시켜야 한다. 젊은 세대는 본인이 원하는 것과 하고 싶지 않은 것이 명확하다. 리더는 젊은 세대가 자신들처럼 변화하기를 기대해서는 안 된다. 기성세대가 젊은 세대에 맞춰 변화해야 한다. 물론 성과를 내기에는 과거의 방법이 더 나을 때도 있을 것이다. 하지만 지금 리더들이 겪고 있는 문제는 자신이 신입사원일 때 똑같이 겪었던 문제들이다. 세대 차이로 인한 갈등은 수천 년 전에도 있었고, 수천 년 후에도 있을 것이다. 세대 차이로 인해 고민하고 있다면 신입사원일 때의 상사들을 떠올리면 도움이 될 것이다.

BEING AN EXECUTIVE

제 9 장

임원은
언제 외로움과
불안을 느낄까?

Q 임원이라는 자리가 언제 외롭고 힘들게 느껴지나요?

사람들은 상위 직급으로 올라갈수록 고독하고 외롭다고 말한다. 팀장의 자리를 거쳐 임원으로 올라가면 승진의 기쁨도 잠시 외로움과 불안감이 몰려온다. 실무자 때와는 달리 모든 것을 혼자서 의사결정을 하고 그 결과에 대해 스스로 책임을 져야 하기 때문이다. 또한 매년 달성해야 할 성과에 대해 압박을 받기도 한다.

조직에서 요구되는 목표들은 매년 상향되고 경쟁은 갈수록 치열해짐에 따라 임원들은 쉬운 해가 없다고 한다. 일반 직원들과 달리 임원들은 매년 성과에 따라 승진 또는 현재 자리를 유지하지만 몇몇은 회사를 떠난다. 임원의 자리는 한정적이고 사업이나 조직이 커지지 않는 이상 언젠가는 자신의 의지와 상관없이 후배들에게 자리를 물려주고 떠나야 한다. 이런 상황 속 임원들은 언제 물러날지 몰라 불안해진다. 그래서 임원은 '임시직원'의 약어이고, 직원들보다 조금 더 받는 연봉은 '생명 수당'이라고 농담을 하곤 한다.

혼자 의사결정을 하고 결과에 책임져야 할 때

임원들은 위에 고통을 하소연할 사람이 없고, 아래에도 속마음을 털어놓을 사람이 없어 늘 고독하다. 어떤 일에 관해 결정할 때 자신과 비슷한 시각에서 이를 바라보고 의견을 물어보거나 결정 사항에 대해서 의논을 할 수 있는 사람이 거의 없는 것이다. 팀장일 때는 그래도 의논할 수 있는 동료 팀장들이 있었으나 임원이 된 이후에는 각자 맡은 사업 내용이 달라 의견을 구하기도 어렵다. 리더십 교육을 받으면서 구성원들과 공감대를 형성해야 한다고 배우지만 왜 이런 결정을 내렸는지 구성원들을 이해시키는 데는 한계가 있다. 이 때문에 임원들은 홀로 의사결정을 하는 경우가 많다. 위에서 치이고 아래에서 협조받지 못했을 때, 그들은 외로움을 많이 느낀다.

글로벌 제약회사 P 전무

누구도 도와주지 않고, 누구에게도 터놓을 수 없죠.

임원이 되고부터 늘 외롭습니다. 의사결정을 해야 할 때 누구도 도와주지 않거든요. 의사결정의 결과를 책임을 져야 한다는 부담감이 크죠. 잘못된 의사결정으로 결과가 좋지 않을 때 오롯이 자신이 모든 책임을 감내해야 합니다. 동료 임원들이 있기는 하지만 각자 맡은 사업들이 다르고, 때로는 경쟁 관계이기도 해서 솔직히 터놓고 논의할 수도 없습니다.

대기업 전자회사 임원 L

어려운 지시에 대한 결정은 저 혼자 해야 하죠.

얼마 전에 정말 힘들었어요. 인원을 감축하도록 지시가 내려와서 저 혼자 그 결정을 어렵게 내려야 했죠. 상사가 인원 감축을 얼마나 해야 할지 명확하게 알려주지 않았어요. 다양한 시나리오를 짜서 시뮬레이션했어요. 그래도 인원을 확정하기가 쉽지 않았죠. 최종적으로 4명을 감축하기로 했는데, 정말 고통스러웠습니다. 업무가 없어져 인력을 재배치해야 하는 상황이었기 때문에 보내고 싶지 않은데도 보내야 하는 사람도 있었죠. 다른 곳에 가면 더 잘될 수도 있지 않을까 생각하면서 저 자신을 위로했지만 정말 쉽지 않은 결정이었어요. 하지만 아무도 제 속은 모르겠죠.

🗂 최고경영자와 독대할 때

임원들은 CEO에게 단독으로 보고할 때 심리적으로 매우 힘들다고 말한다. 그것이 대면보고든 문서나 유선보고든 어렵기는 마찬가지다. 특히 자신의 업무나 사업 방향에 대해 CEO의 생각과 일치시키는 것이 제일 어렵다. 특히 CEO가 오너인 경우 그 부담은 더욱 크다. 자칫 잘못된 대답이나 언행으로 인해 눈 밖에 나게 되면 어느 순간 조용히 물러날 수 있기 때문이다.

CEO가 언제 어떤 질문을 할지, 어떤 정보를 요구할지 모르기 때문에 항상 긴장해야 한다.

대기업 건설회사 임원 S
늘 긴장하면서 인정받을 기회를 노립니다.

휴대 전화기를 손목에 찬 채 대기한 적도 있어요. 퇴근 후 술을 마시거나 골프를 치는 주말에도 긴장을 늦춘 적이 없고요. 우리 회사 CEO는 궁금증이 생기면 시간과 장소에 관계없이 질문을 해서 회사가 돌아가는 상황을 체크했어요. 때때로 알고 있어야 할 내용이 너무 많아서 암기할 수 없으면 중요한 내용을 메모해서 가지고 있어야 대응이 가능할 때도 있었죠. CEO의 질문에 대한 대응뿐 아니라 심기를 파악하는 것도 중요했어요. CEO의 근황이나 심기를 파악하려면 평소 비서들과 친밀한 관계를 유지해야 합니다. 특히 주말이 되면 미리 CEO의 일정과 관심사를 파악해 두면 갑자기 어디서 어떤 연락이 올 수도 있겠다는 예상을 할 수 있습니다. CEO와의 독대가 힘든 것은 사실이지만 때로는 좋은 기회가 되기도 해요. 대응에 따라 능력을 인정받거나 새로운 프로젝트에 참여할 기회를 얻을 수 있기 때문이죠.

대기업 전자회사 임원 K

단 한마디도 쉽게 할 수 없습니다.

CEO가 회사의 문제점이 무엇이냐고 물었을 때 저는 "문제가 발생 시 고객의 입장에서 해결 방안을 찾는 것이 아니라 회사 중심으로 해결 방안을 찾고 있는 것이 문제입니다."라고 대답했어요. 그러자 CEO가 다시 물었죠. "당신의 상사는 그것이 문제라는 것을 알고 있습니까?" 예상치 못한 질문이었어요. 당시에 CEO와 상사가 갈등하고 있었어요. 자칫 잘못 얘기하면 둘 간의 갈등을 증폭시킬 수도 있고, 저도 CEO의 눈 밖에 날 수 있는 상황이었죠. 순간 당황했지만, 상사도 잘 알고 있을 것이라고 대답했어요. 그런 다음에 한 가지 사례를 말씀드렸어요. 예전에 제품에 하자가 발생한 적이 있었는데 당시 제품생산 담당자가 하자의 원인을 찾아내 재발 방지 대책을 보고했었어요. 그때 상사는 원인이 한 가지만이 아닐 수 있으니 모든 가능성에 대해 FTA(Fault Tree Analysis) 방법으로 검토해서 고객이 안심할 수 있도록 하라고 지시했죠. 제가 구구절절하게 상사를 두둔하는 대신 구체적인 상황을 들어서 설명해 드리자 CEO도 수긍하는 눈치였어요. 사실 CEO가 "네 상사 왜 그래?" 그러면...누구라도 당황하게 돼요. 그렇다고 내 상사를 CEO와 같이 비난하면서 맞장구를 칠 수도 없고, CEO의 생각을 반박하기도 쉽지 않죠. 그나마 다행히 상사를 옹호하면서도 그 이유를 분명히 제시할 수 있는 예가 있어서 CEO를 설득할 수 있었어요.

CEO에게 대면보고를 할 때

대기업 전자회사 임원 S

행간을 읽을 줄 알아야 합니다.

CEO에게 대면보고를 할 때는 말 한마디도 신중하게 선택해야 합니다. 특히 새로운 프로젝트를 추진해야 하는 경우 철저한 준비와 시나리오가 필요하죠. CEO가 똑같은 질문을 계속 반복할 때가 있어요. 뭔가 어딘가가 마음에 안 든다는 얘기죠. 그 행간을 읽지 못하고 똑같은 보고를 할 경우에는 추궁을 당하거나 일의 추진이 불투명해집니다.

임원은 자신이 맡은 사업에 대해 가장 잘 알고 있다는 자만을 버려야 한다. CEO는 가장 취약한 부분을 공략한다. 따라서 임원은 자신이 맡은 사업에 대해 누가 언제 물어도 정확하고 구체적인 정보를 제공할 수 있는 전문가가 되어야 한다.

대기업 전자회사 임원 B

CEO의 의중을 파악하기 쉽지 않습니다.

새로운 제품을 개발할 때 CEO는 신경이 매우 예민해집니다. 1년 동안

10억 원을 투자하여 신제품을 개발하겠다고 보고했는데 처음부터 다시 보고하라는 지시를 받았어요. 정말 열심히 준비한 건데 온몸의 힘이 쭉 빠지더군요. 개발기간이 길고 비용이 너무 많은가 싶어 다시 보고할 때는 개발기간을 1개월 줄이고 비용도 1억을 줄였어요. 그런데 CEO는 원하는 것은 그것이 아니라는 피드백이 돌아왔죠. 두 번째 보고조차 퇴짜를 맞자 고민에 빠졌어요. CEO의 의중을 정확하게 알 수 없는 상황에서 다시 보고를 준비해야 하는 것이 정말 당혹스러웠어요. 그래서 개발 프로젝트 전반을 처음부터 다시 분석했습니다. 아마 CEO는 개발을 책임지고 있는 임원으로서 프로젝트 전반을 얼마나 세심하게 관리하고 있는지 확인하고 싶은 것일 거라는 생각이 들었거든요. 필요한 부품의 도면을 작성하는 데 각각 얼마의 시간이 걸리고, 핵심 인재들이 개발하는 동안 보조 인력들이 어떻게 지원해야 효율적으로 프로젝트를 마무리할 수 있는지를 세부적으로 검토했어요. 비용도 개발이 실패했을 때의 대안과 함께 기존에 사용했던 각종 기자재와 부품의 재활용까지 고려하여 계산했죠. 그 결과 가장 효율적인 개발기간과 개발비를 도출하게 되었고, 그 내용을 보고서로 작성했어요. 통상 CEO 보고는 많아야 20페이지 내외인데 이 보고서는 60페이지 분량이나 됐어요. CEO는 그 보고서에 크게 만족했습니다.

대기업 전자회사 임원 C

민감한 내용일수록 솔직해야 합니다.

CEO와 대화를 나눌 때마다 임원들은 민감한 내용에 대해 어떻게 답변해야 할지 고민하게 돼요. 그래도 최대한 진솔하게 진정성을 담아 답변하려고 노력합니다. 모르면 모르는 대로 알면 아는 만큼만 제 의견을 소신껏 대답하죠. 다만 CEO의 마인드를 가지고 CEO의 입장에서 대답하려고 해요. CEO의 마인드가 되는 것은 하루아침에 되는 것이 아니라 꾸준한 노력과 훈련이 필요하다고 생각하거든요.

구성원들이 자신을 이해 못 할 때

글로벌기업 전자회사 K지사장

환영받지 못하는 존재가 된다는 건 고통스러운 일이죠.

임원들은 구성원들과 대면 기회를 늘리기 위해 노력하지만, 구성원이 불편하게 여기는 경우가 많아요. 저는 조직문화와 관련된 HR 업무를 하면서 여러 계열사를 거쳐 왔어요. 잘못된 관행을 감사하고 교육해서 회사의 기강을 바로 세우는 역할을 오랫동안 수행해왔죠. 여러 회사를 거칠 때마다 그 조직의 문화적 이슈를 찾아내는 임무가 주어졌습니다. 조직과 구성원을 자세히 관찰하다 보니 저를 오너가 파견한 X맨처럼 여기기도 했습니다. 구성원들과 인간적으로 잘 지내고 싶었지만 늘 일정한 거리를 유지하고 싶어 하더라고요. 제대로 된 관계를 맺는 데 꽤 오랜 시간이 걸렸어요. 사실 구성원들에게 환영받지 못하는 존재가 된다는 것은 매우 불편하고 고통스러운 일이에요. 공식적으로는 누구나 저와 관계를 잘 유지하려 하지만 실제로는 참 외로웠어요. 한때는 회사를 그만둘 생각도 했었죠. 하지만 저 역시도 학업을 끝내지 못한 자녀들이 있었고, 당장 회사를 그만둔다고 해도 뾰족한 대안이 없었기 때문에 버티고 머물렀습니다.

많은 리더가 구성원들과 거리감을 줄이고 원활한 소통을 위하여 일대일 면담이나 식사 자리를 마련한다. 술자리에서는 과거에 자신의 경험이나 실수 등을 얘기하면서 공감대를 가지려고 노력한다. 그러나 이런 친밀감을 이용하여 구성원들이 자신을 이용하려 한다는 느낌이 들 때도 있다.

대기업 IT회사 임원 J

구성원과 어느 정도 선을 유지해야 할지 늘 고민됩니다.

얼마 전 징계위원회를 소집했어요. 팀장과 연구원 간에 폭언 등 불미스러운 사건이 일어나 양측의 진술을 바탕으로 사실관계를 확인하고 어떠한 징계를 내릴 것인지 논의하는 자리였죠. 저는 심의위원 자격으로 팀장에게 질문했어요. "연구원에게 반말이나 욕설을 한 적이 있나요?" 그런데 품질팀장이 뜻밖의 대답을 했어요. "예전에 상무님이 저에게 필요하면 욕설을 해서라도 아랫사람을 휘어잡아야 한다고 말씀하신 적이 있습니다. 하지만 저는 욕설을 하지 않는 사람입니다." 뒤통수를 세게 맞은 듯 크게 당황했어요. 제가 정말 그런 얘기를 했는지 기억을 더듬어 봤어요. 예전에 팀장들과 회식하는 자리에서 좀 더 강력하게 팀원들을 이끌고 나가야 한다는 뜻으로 비슷한 얘기를 했는데 품질팀장이 징계위원회 자리에서 그렇게 말할 줄은 몰랐죠. 그날 이후 정말 생각이 많아졌어요. 구성원과의 거리를 어느 정도까지 유지해야 하는지 고민하게 되었어요.

믿었던 사람이 신뢰를 저버렸을 때

대기업 전자회사 임원 A

구성원들이 나를 생각보다 더 안 좋게 평가할 때가 있어요.

임원들도 구성원들에게 배신감을 느낄 때가 많아요. 인간적인 배신감까지 느낄 때가 있죠. 평가 시즌이 되면 구성원들도 리더를 평가해요. 리더십을 평가하면서 최하위 점수를 주는 구성원이 있어요. 그러려니 싶어도 그런 점수를 받고 나면 한동안 기분이 좋지 않아요. 저는 '인간적'이라고 생각하는데 구성원들은 '업무지향적'이라고 평가하지요. 속이 상하기도 하지만 어쩌겠어요. 구성원들 눈에는 내가 그런 사람으로 비치는 것이지요. 아마 사실일 겁니다. 그래서 낮은 점수를 받은 평가 항목에 대해서는 제가 변화하려고 노력하고 있어요.

리더들은 구성원들과 함께 식사하는 것을 중요한 소통의 방식이라 생각한다. 하지만 구성원들은 위에 있는 사람일수록 함께 밥을 먹으려고 하지 않는다. 가령 퇴근할 때 같이 밥 먹으러 가자고 하면 구성원들이 슬슬 피하는 것을 느낄 수 있다. 결국 당혹함을 느끼며 혼자 저녁을 먹을 때도 있다. 이처럼 리더와 구성원들 간에는 엄청난 갭(Gap)이 존재한다. 위에서는 밑에 있는 사람들과 이야기할 때 편하게 이야기하라고 말하지만 밑에 있는 사람들은 임원들을 어려워한다. 그래서 남들이 다 알고 있는 정보를 혼자만 모를 때도 있다.

모두가 아는 걸 저만 모를 때가 있더라고요.

구성원들은 임원이 모든 정보를 알고 있을 것으로 생각해서 오히려 정보를 전달하지 않을 때가 있어요. 팀장이었을 때 상사였던 임원에게서 들은 말이 있습니다. 그분이 하는 말씀이 제가 팀원들과 관계가 너무 좋아서 본인이 팀원들과 가까워질 수가 없다고 하시더군요. 그게 무슨 얘기냐고 물으니까 앞으로 임원이 되면 그 말이 무슨 뜻인지 알게 될 거라고 하셨어요. 임원이 된 후에 생각해보니 그 말이 맞았어요. 임원이 되고 나니 부서원들이 다 아는 사실을 나만 모를 때가 있어요. 하지만 임원으로서 감내해야 할 부분이라고 생각해요.

독단적인 상사와 일할 때

구성원들과 팀워크를 이루는 것도 쉬운 일은 아니지만, 무능하거나 독선적인 상사와 함께 일하는 것은 더욱 힘들다. 임원에 대한 인사권을 행사하는 사람은 CEO다. 따라서 임원 대부분은 CEO를 바라보고 일하는 경우가 많다. 중간관리자들도 마찬가지다. CEO가 인사권을 가지고 있기 때문에 상사보다는 CEO의 눈에 띄기 위해 노력한다. 그래서 중간관리자들은 때로 임원에게 업무상의 보고를 누락하고 직접 CEO에게 보고하거나 독단적으로 업무를 처리하는 경우가 있다. 그럴 때는 임원으로서 자신의 리더십이 부족한 것이 아닌가 하는 자책감이 든다. CEO가 임원에게 불합리한 지시를 내릴 때도 어떻게 처리할 것인지 고민스럽기도 하다.

다른 임원과 알력이나 파워게임을 한다고 느낄 때도 자괴감이 든다. 자신은 파워게임에서 멀리 떨어져 있다고 생각해도 다른 구성원들의 눈에는 그렇게 보이지 않을 수 있다. 보이지 않는 곳에서 이루어지는 상호 비방과 줄서기 문화 같은 것이 은연중에 나타나기 때문이다. 예를 들어 새로운 업무가 생겼을 때 임원들 간에 서로 맡지 않으려고 하는 경우가 있다. CEO가 촉각을 곤두세우는 일이지만 성과가 별 볼일 없을 것으로 예상되는 업무는 누구도 맡고 싶어 하지 않는다. 더구나 새로운 업무는 역할과 책임도 분명하지 않다. 이 경우 업무를 피하기 위해 파워게임을 벌이게 된다.

대기업 전자회사 K상무
파워를 가진 상사와의 신경전은 이기기 힘듭니다.

상위 임원이 새로운 업무를 분장하게 되었어요. 제 휘하에 있는 구성원을 선발해서 TF팀으로 발령해야 했죠. 그런데 상위 임원이 제 담당 사업의 핵심 인재 다섯 명을 지명해서 TF팀으로 발령해달라고 요구했어요. 저는 당연히 정중히 거절했죠. 그러자 그 상위 임원이 제게 그 업무를 맡으라는 식으로 밀어붙였어요. 다시 제안했지요. 평가가 우수한 인원을 파견하고, 상위 임원이 지목한 다섯 명의 핵심인재는 겸업으로 지원하는 방안에 협의했죠. 대규모 조직개편이 발생하면 임원들 간 핵심시장과 제품, 우수 인력을 확보하기 위한 신경전이 치열해져요. 이때 직급이 높은 임원의 파워가 작동하죠. 파워를 가진 임원은 CEO와의 면담을 통해 자신의 의사를 강하게 어필하고, 임원회의에서도 대화를 주도하게 돼요. 또 사전에 우수 인력들을 대상으로 물밑 접촉을 시도하기도 합니다. 이에 대비하지 못한 임원은 조직개편 때 소위 물을 먹게 되는 거죠.

임원은 구성원들의 리더이지만 누군가의 팔로워이기도 하다. 상사가 독단적이라고 생각한다면, 자신도 구성원들에게 독단적인 사람으로 비칠 수 있다는 사실을 기억해야 한다. 독단과 편견에 사로잡힌 상사가 되지 않으려면 구성원들과 허심탄회하게 이야기할 수 있는 시간을 갖는 것이 중요하다. 그래서 어떤 임원은 직원들의 의견을 들어주는 것으로 외로움에서 벗어나려 애쓰기도 한다.

대기업 전자회사 K상무

판단을 잘못했을 때는 오류를 빨리 인정한다.

임원도 잘못 판단할 때가 있죠. 그래서 중요한 이슈가 생기면 구성원들과 토론을 해요. 제가 결정한 것이지만 제 판단이 틀렸다는 생각이 들면 구성원들의 의견을 반영하죠. 그러면 구성원들도 보람을 느끼죠. 임원이 모든 것을 잘할 수는 없어요. 임원이 홀로 고립되지 않으려면 잘못을 빨리 인정해야 해요. 오류를 인정하는 것은 리더에게 정말 중요한 덕목이에요. 그리고 구성원의 말을 듣고 나서 잘못을 인정하면 구성원들도 보람을 느끼죠. 자신들이 제안한 것이 받아들여지면 더 열심히 일하고요. 그러면서 저도 외롭지 않다는 느낌이 듭니다.

BEING AN EXECUTIVE

제 10 장

임원의
스트레스

Q 임원은 언제 스트레스를 가장 많이 받습니까?

임원은 기계가 아니며 모든 면에서 뛰어난 만능인도 아니다. 해야만 하는 일을 할 수 없을 때, 하고 싶은 일을 할 능력이 없을 때 심한 스트레스에 시달린다.

임원의 스트레스 | 사람 vs 성과

임원으로서 가장 스트레스를 받는 요인은 인간관계와 성과다. 사실 임원은 조직관리보다 실적이 우선이다. 실적이 좋지 않으면 아무리 소통과 조직관리를 잘한다고 해도 조직에서 인정받을 수 없다. 가끔 소통과 조직관리를 잘하면서 실적도 좋을 수 있지만, 이런 경우는 매우 드물다. 조직은 소통과 조직관리가 좀 부족하더라도 실적을 낼 수 있는 사람을 더 선호한다. 그래서 임원은 다른 사람들에게 피도 눈물도 없는 사람으로 비칠 수 있다. 앞서 언급했듯이 임원들이 가장 스트레스를 받는 것 중 하나는 상의할 사람이 없는 것이다. 자신 외에는 결정할 수 있는 사람이 없는 상황일 때 그에 따른 책임감은 엄청난 압박이 된다. 임원이 아닐 때는 동료나 상사의 뒤에 있을 수 있지만, 임원이 되면 방패막이가 되어줄 사람이 없다. 그래서 매사에 더 신중하고 더 집중해서 일해야 한다. 특히 대외 업무나 고객과 관련된 업무일 때 스트레스가 가중된다. 자신의 결정으로 회사의 이익에 영향을 미치기 때문이다. 그런데 체력은 이전보다 떨어져 집중력도 떨어진다. 최종 책임자라는 것은 자신이 담당하고 있는 모든 일에 대해 아주 사소한 부분까지 책임을 져야 한다는 것을 의미한다. 그러다 보니 업무에 대해 잘 알아야 하고,

진행 상황을 일일이 체크해야 한다. 책임질 일이 더 커지기 전에 대비하려다 보니 이른바 실무형 임원이 되는 것이다.

대기업 IT회사 임원 K

무조건 좋은 성과가 있어야 하는 일이 있어요.

우리 회사가 개발한 툴은 과거 터미널(terminal) 환경에서는 최고 수준이었지만 GUI(graphical user interface) 환경으로 변화하면서 다른 기업에 선두 자리를 내줬어요. 세계 1위 기업의 최고 사양만 선호하는 국내에서는 개발 툴 영업이 쉽지 않았죠. 영업을 책임지는 임원으로서 어깨가 참 무거웠어요. ERP(Enterprise Resource Planning, 전사적 자원관리) 시스템 이 출시되었을 때도 비슷한 상황이 벌어졌어요. 이 비즈니스는 새로운 시장을 개척하는 것이어서 개발 툴을 판매할 때보다도 더 힘들었어요. 구성원들 사이에서 데이터베이스만 판매해도 충분한데 쓸데없이 일을 벌인다는 불만이 속출했죠. 더구나 당시는 IMF 위기가 닥쳤을 때여서 투자받을만한 기업도 없었죠. 그나마 정부 기관이나 투자기관 등은 어느 정도 투자 예산을 가지고 있어서 제가 총대를 메기로 했어요. CEO와 술을 마시는 자리에서 ERP를 해보고 싶다고 자청했죠. 그런데 막상 그 다음 날이 되니 엄청난 부담감이 밀려왔어요. ERP 비즈니스를 통째로 맡는다는 것은 제조유통 쪽을 다 맡게 되는 거나 마찬가지였거든요. 대기업 몇 곳과 거래를 끝내고 나면 ERP를 판매할 곳이 마땅치 않아 보였어요. ERP 비즈니스는 컨설팅과 함께 진행되어야 하는데 전문인력도 부족했죠. 컨설팅을 담당하고 있던 임원들 역시 더는 못하겠다고 손을 내저을 정도였어요. 하지만 죽이 되든, 밥이 되든 해내야만 하는 일이었어요. 저 말고는 아무도 책임질 수 없는 일이었죠. 이리저리 사람을 수소문하고, 인력을 보충해서 마침내 제가 목표로 했던 기업들과 비즈니스를 성공적으로 마쳤어요. 성과는 있었지만 스트레스가 심했던 시절이었어요.

구성원에게서 오는 스트레스 또한 크다. 구성원들은 리더의 지시나 개입을 정말 싫어한다. 임원들도 잘 알고 있지만, 현실적으로 지시나 개입을 안 할 수 없다. 후배들이 치고 올라 오는 것도 큰 스트레스다. 능력 있는 후배를 키우고 싶지만, 혹시 자신을 능가하는 성과를 보여줄 때 보람과 함께 위협을 느낀다. 그래서 어떤 임원은 후배를 육성하는 것을 꺼리는 일도 있다.

글로벌 제약회사 임원 L

일에 대해서 거짓말하지 않아야 스트레스도 줄일 수 있습니다.

저는 다른 사람보다 스트레스를 덜 받는 편이에요. 사람들과 좋은 관계를 유지하고 있어서 인간관계에서는 받는 스트레스가 적지만 성과에 대한 스트레스는 있죠. 임원이 되고 나서 CEO의 강의를 들었는데 두 가지를 강조하셨어요. '첫째 일을 미루지 마라! 둘째 거짓말 하지 마라!' 입니다. CEO가 원하는 스타일이 제 스타일과 맞는다는 생각이 들었죠. 얼마 전 그룹 회장님에게 보고할 기회가 있었는데, 회장님 질문에 제대로 답변하지 못했습니다. 그래서 솔직하게 '준비가 되지 않았다'고 말씀드리고 바로 준비하여 보고드리겠다고 했습니다. 그 자리를 모면하겠다고 그럴싸한 거짓말을 했다면 뒷감당이 안 되는 일이 생길 수 있습니다. 준비도 되지 않은 상태에서 성과를 보여줘야 할 수도 있죠. 거짓말로 능력을 인정받고 싶지 않습니다. 성실하고 진실되게 일하는 게 제 스트레스 관리비법입니다.

🗄 임원의 스트레스 | 조직 vs 직원 사이

조직의 입장과 직원의 입장이 상충할 때 중간에서 이를 조정하는 일도 큰 스트레스 요인이다. 특히 안전사고가 발생하면 임원은 회사와 구성원의 입장 사이에 끼어 난처할 때가 많다.

대기업 건설회사 임원 S
그 누구도 상처받지 않게 오늘도 무사히

저는 현장 업무를 오랫동안 담당했어요. 산업 현장에서는 정말 많은 사건 사고가 일어날 수 있죠. 바로 어제까지 함께 근무했던 구성원이 사망하는 사고도 겪었고, 화재가 발생해 화상 입은 구성원을 한밤중에 서울에 있는 전문병원까지 직접 데리고 와 치료를 도와준 적도 있어요. 대개 사고가 발생하면 사고를 처리하는 방법과 절차와 관련해서 회사 입장과 가족 입장이 달라 스트레스가 심해요. 양쪽을 모두 만족시킬 방법을 찾기가 쉽지 않죠. 가장 우선 돼야 하는 것은 사고가 일어나지 않게 하는 것이지만, 해결 과정에서 그 누구도 상처받지 않게 하는 게 저로서는 가장 힘들고 어려운 일이었습니다.

업무에 대한 중압감이나 성과에 대한 조급증보다 CEO와의 관계, 사내 정치, 동료들끼리의 보이지 않는 견제 때문에 힘들어하는 임원도 많다. 특히 최고경영자와 커뮤니케이션에서 스트레스를 느끼는 경우가 많았다.

금융회사 임원 J

상사가 원하는 것을 정확히 읽을 줄 알아야 내 스트레스를 줄일 수 있습니다.

CEO가 원하는 것이 무언지 정확히 파악하지 못한 상태에서 나의 욕구를 지나치게 드러낼 때 문제가 생깁니다. 그래서 상사의 관심이 무엇인지, 왜 그런 얘기를 했는지를 읽을 수 있는 능력이 중요해요. CEO의 욕구를 읽어낼 수 있으면 스트레스를 줄일 수 있을 겁니다. 상사의 욕구를 이해하지 않고 내 것만 드러내면 결국 관계에 위기가 옵니다.

글로벌기업 전자회사 K

성과부터 특수한 업무 환경까지 스트레스 요소가 많네요.

해마다 연말이 되면 조직에서 인원 감축을 요구하는 상황에 직면합니다. 인력을 유지하려면 새로운 비즈니스를 창출해야 하죠. 연말까지 새로운 사업을 만들어내든가, 인원을 감축해야 하는데 모두 엄청난 중압감과 함께 스트레스입니다. 글로벌기업에 근무하는 경우 국가 간 시차도 스트레스로 작용해요. 다른 나라에서 근무하는 임원들과 지속적으로 소통해야 하니까 낮과 밤이 바뀐 상태로 일하는 경우가 흔하죠. 어쩔 수 없이 야근이나 주말 근무를 하고, 다시 국내 업무 시간에 맞춰 일해야 하는 상황이 생겨요.

Q 임원들은 어떻게 스트레스를 관리할까요?

임원들은 수시로 밀려오는 자괴감과 외로움, 불안감을 어떻게 해소할까? 임원들이 스트레스를 해소하는 방법을 몇 가지 유형으로 구분할 수 있다.

첫째, 운동으로 관리

금융회사 임원 J

체력과 스트레스를 관리하기 위해서 운동합니다.

주말 중 하루는 회사에 관한 생각을 아예 하지 않으려고 해요. 대개는 음악 들으면서 파워 워킹을 하죠. 체력관리가 중요하다는 것을 깨닫고 부터 꾸준히 하는데 다른 운동은 일부러 시간 내기가 어려워서 걷기를 많이 해요. 걸으면서 생각을 비우면 새로운 에너지가 충전되는 것을 느낀다. 마음도 편안해진다. 과거에는 즐기기 위해 운동을 했는데 지금은 살기 위해 운동합니다.

스트레스는 건강의 적신호다. 일상적인 긴장과 과로에다 주말까지 골프 접대와 인맥 관리를 하다 보면 어느 순간 건강에 이상이 있음을 느끼게 된다. 임원들은 고혈압이나 당뇨 등을 앓고 있는 사람들이 많다. 건강은 일과도 관련이 있지만, 생존의 문제와 직결되어 있다. 그래서 새벽에 억척같이 일어나 운동을 하는 것이 일과처럼 되어 버렸다.

주변 사람의 비보에 몸을 움직이게 됩니다.

최근 음주를 줄이고 틈틈이 등산을 합니다. 제가 아는 어떤 임원이 갑작스러운 췌장암 진단을 받고 퇴직 절차를 밟고 있어요. 그런 소식을 접할 때마다 이렇게 사는 게 맞는 것인가 하는 생각이 들어요. 췌장암 진단을 받은 임원도 평소에 성실하고 신망이 높은 사람이었거든요. 아직 나이도 많지 않은데 어느 날 급성으로 열이 나고 오한이 있어 병원에 갔다가 암 진단을 받았다고 해요. 건강진단 받은 지도 6개월밖에 되지 않은 상태여서 더욱 청천벽력 같은 일이었죠.

사실 운동을 해야 한다는 데는 모든 임원이 공감하고 있지만, 문제는 시간이다. 이 때문에 많은 임원이 점심시간을 이용해서라도 운동을 하려고 한다. 나이 때문에 격한 운동을 할 수 없는 사람 중에는 요가처럼 굳어진 몸을 이완시키는 운동을 하거나 명상을 통해 마음의 평안을 유지하는 경우가 많다.

둘째, 내면 관리

임원은 회사에 문제가 생겨도, 본인이 제 역할을 못 해도, 구성원들이 잘못해도 책임을 져야 하는 위치에 있다. 결과가 좋아서 인정받으면 다행이고, 결과가 좋지 않으면 그만한 대가가 따른다. 그래서 퇴근 후에도 회사 일에서 벗어나지 못한다.

대기업 전기회사 K 전무

걱정하지 않아도 되는 일은 미리 걱정하지 않습니다.

퇴근하면 회사와 관련된 일을 모두 잊어버리려고 해요. 회사 일을 완전히 벗어 던지기는 쉽지 않지만 지속적으로 훈련하면 어느 정도 효과가 있어요. 처음에는 중요한 회사 일에 집중하지 않고 있다는 데 대하여 큰 부담을 느끼지만 지나고 나서 보면 전혀 걱정할 필요가 없다는 것을 알게 돼요. 걱정하지 않아도 되는 일을 미리 걱정하거나 불안할 필요가 없어요. 스트레스는 이러나저러나 받게 돼 있어요. 또 일부러 혼자 있는 시간을 만들어요. 내가 나를 만나는 시간이라고 할 수 있죠. 제겐 아주 소중한 시간이에요.

좋은 성과를 내야겠다고 생각하는 것 자체가 스트레스를 유발한다. 그냥 있는 그대로 최선을 다한다는 생각을 가지고 일에 임하는 것이 정신 건강에도 좋다.

글로벌기업 전자회사 K지사장

다른 사람의 평가로부터 자유로워야 합니다.

누군가에게 잘 보이기 위해 행동하는 자신을 바라볼 때 안타까움을 느껴요. 꼭 그렇게 하지 않아도 되는데 결과는 어느 정도 정해져 있는 일에 애를 쓸 때가 있어요. 다른 사람의 평가로부터 자유로워지는 것이 중요해요. 그러기 위해 노력했고, 지금은 모든 것을 담담하게 받아들이려고 해요.

스트레스가 반드시 부정적인 것만은 아니다. 적당한 스트레스는 삶의 동기가 되고 활력이 된다. 따라서 스트레스를 경험하면 그것에서 벗어나기 위해 발버둥

치기보다 오히려 긍정적인 신호로 받아들여 재해석할 필요가 있다. 어떤 이들은 스트레스를 도전적인 과제로 바꾸어 받아들인다. 나에게 도전하는 것들에 역으로 도전하여 한 번 해보겠다는 의지를 생성하는 것이다. 물론 하루아침에 그렇게 될 수는 없다. 모든 변화는 훈련이 필요하다. 그래서 임원 중에는 정신 수양을 위해 명상을 하거나 독서를 하는 사람들이 많다.

글로벌 제조회사 임원 L
명상을 통해서 마음의 평정을 찾습니다.

저는 거울을 보며 제게 말을 거는 훈련을 하고 있어요. 거울 명상이라고 하는데요. 이 명상법을 통해서 억눌린 감정이나 어려움을 자신에게 털어 놓다 보면 마음의 평정을 찾을 때가 있어요.

스트레스를 관리하는 것은 곧 자신을 관리하는 것이다. 삶을 단순화시키고 불편한 관계를 정리하는 것만으로도 마음의 여유를 가질 수 있다.

대기업 전자회사 K상무
나를 위한 시간을 마련해야 합니다.

불필요한 약속을 줄이는 것만으로도 삶을 컨트롤 할 수 있어요. 업무 현장에서도 자신만의 시간을 많이 가지려고 노력해요. 제가 통제하기 어려운 시간 외에는 다른 시간은 전부 계획합니다. 비효율적인 회의, 의례적인 미팅, 효과 없는 대면보고를 줄이면 자기를 위한 시간을 마련할 수 있어요. 그 대신 성과를 내야 할 경우에는 모든 시간과 노력을 집중합니다.

셋째, 다양한 관심 분야로 관리

임원들이 스트레스를 해소하는 방법 중에 독서를 선택한 사람이 많았다. 이들이 주로 관심을 갖는 주제는 리더십이다. 좋은 리더란 무엇이고, 어떻게 해야 좋은 리더가 되는지 끊임없이 고민하는 셈이다. 이들은 배움으로 관심을 돌려 스트레스를 멀리하는 스타일에 속한다.

글로벌 제약회사 P 전무
배움은 삶의 활력이 됩니다.

코칭 자격증을 따는 등 학습을 계속하고 있습니다. 원래 공부하고 배우는 것을 좋아합니다. 임원이 되고 나니까 공부해야 할 게 점점 많아졌죠. 이것저것 배우면서 중요한 것들을 메모하고 현장에서 적용해보았어요. 그러면서 다시 배우게 되고 현장에 적용하는 과정에서 나타나는 문제들을 직원과 토론하는 것도 재미있고, 스트레스도 풀립니다.

다른 곳으로 관심을 돌리는 가장 흔한 방법은 취미활동이다. 앞서 소개한 스포츠도 취미활동 중 하나다. 골프, 사이클링, 등산, 낚시 등 잘 알려진 운동 외에도 요가나 연주 활동을 통해 스트레스를 잊는 임원들도 있다. 반려동물이나 작물을 키우면서 힐링을 하기도 한다.

글로벌기업 전자회사 K지사장
식물 키우기도 도움이 됩니다.

주말농장에서 작물을 키우는 것으로 스트레스를 풀어요. 20년 가까이 주말농장에 들르고 있죠. 처음에는 다섯 평으로 시작했어요. 식물들은 정직해요. 내가 정성을 쏟는 만큼 보여줘요. 주말농장에 가면 마음이 너무 편합니다.

감정을 객관화함으로써 스트레스와 거리 두기를 시도하는 임원도 있었다. 감정 그대로를 표현함으로써 그때그때 스트레스를 풀되 그것이 어려우면 자신의 감정에 이름표를 붙여 일정한 거리를 유지한다. 감정을 객관적으로 바라보는 순간 나쁜 감정이 반으로 줄어든다. 예컨대 분노의 감정이 일어났을 때 '폭주기관차'라는 이름을 붙이면 보다 객관적으로 자신의 감정과 상태를 바라볼 수 있다. 화가 났다고 화를 내지 말고, 화가 난 자신의 모습을 객관적으로 바라보는 것이다. 그렇게 하면 분노의 감정은 조금씩 사라져 결국엔 감정의 흔적조차 남지 않게 된다.

💼 넷째, 인간관계를 통해 관리

임원이 회사와 거리를 두기는 쉽지 않지만, 일과 삶의 균형을 잃어버리는 순간 모든 것을 잃을 수도 있다. 특히 일과 가족 사이에서 균형을 유지하는 것은 매우 중요하다. 가정을 잃으면 아무리 큰 성취를 이루어도 불행한 삶을 살 수밖에 없기 때문이다. 지금 무엇을 하고, 무엇을 이루었든 결국 돌아갈 곳은 가족밖에 없고 믿을 수 있는 것도 가족밖에 없다. 따라서 업무 외 시간에는 가족과 시간을 갖기 위해 노력해야 한다.

가족만큼이나 위안을 주는 것은 친구다. 하지만 임원이 되어 일에 쫓기게 되면 친구와의 거리도 멀어지게 된다. 모임에 빠지게 되고 가까운 친구들과 만남도 드물어지면 일과 자신밖에 남지 않는다. 계속 일을 하려면 가족이나 친구들과의 관계를 끈끈하게 유지하는 것이 필요하다. 고향 친구나 학교 친구만 좋은 관계를 유지할 수 있는 것은 아니다. 직장생활을 하며 만난 친구도 좋은 관계를 유지할 수 있다.

대기업 전자회사 임원 K
나를 이해하는 단 한 사람만 있어도 도움이 됩니다.

저는 같은 업종에서 일하는 친구들에게 많은 도움을 받아요. 우린 서로의 스트레스를 잘 이해하죠. 10여 년 동안 출근하면서 매일 한 시간 동안 통화하는 친구가 있어요. 인생에 큰 도움이 됐죠. 같은 반도체 업종에 종사해서 제가 회사에서 받는 스트레스를 잘 이해합니다. 어떤 때는 함께 회사 욕을 하면서 스트레스를 날려 버리기도 해요. 제가 하도 말을 많이 해서 그 친구는 우리 회사에 대해 저만큼 알고 있을 정도예요. 제가 힘들다고 하면 같이 맞장구쳐주는 게 좋아요. 통화를 하면서 심리상담을 받는 기분이 들 때도 있었죠. 회사를 그만두려고 할 때도 그 친구가 붙잡아줬습니다. 동종업계니까 제 고충을 금세 알아들었죠. 그 친구는 대기업 반도체회사의 협력업체 CEO였어요. 동종업계에 있는 좋은 친구와 끊임없이 소통하는 것이 중요해요. 그래서 저는 이런 친구 한 명만 있어도 인생이 외롭지 않다고 생각해요. 저는 지금 회사를 나왔지만, 그 친구는 지금도 회사에 다녀요. 그런데 아직까지 아침마다 그 친구와 통화를 합니다. 그 친구를 통해 공감이 정말 중요하다는 것을 알았어요.

BEING AN EXECUTIVE

제 11 장

임원에게도 피하고 싶은 사람이 있다

Q 함께 일하고 싶지 않은 유형은?

사람은 첫인상을 통해 상대의 본질을 재빨리 파악하기 위해 다양성과 복잡성을 하나의 패턴으로 단순화하는 습성을 갖게 되었다. 과학적 근거가 부족함에도 혈액형으로 사람의 특성을 구분하는 것이 대표적인 예일 것이다. 그러한 구분이 합리적이지 않다는 것을 알고 있지만, 아직도 많은 사람이 혈액형으로 사람의 특성을 구분하는데 흥미를 가진다. 심지어 불과 몇 년 전까지만 해도 대기업 인사 가이드라인에 B형 남자는 절대 뽑지 말라는 내용이 포함되어 있었다고 한다.

사람들에게 이런 관성이 남아 있는 것은 인류가 진화하는 과정에서 사기꾼을 골라내는 것이 자신과 공동체의 생존에 유리했기 때문이다. 하지만 인간의 다양한 측면을 정확히 파악할 수는 없다. 그래서 '열 길 물속은 알아도 한 길 사람 속은 모른다'는 속담도 있다. 누군가에게 속거나 배신당하는 것은 개인의 삶에 치명적이다. 그래서 인간은 오래전부터 싫거나 피하고 싶은 사람들을 구분하는 능력을 진화시켰다. 조직도 마찬가지이다.

한 사람의 배신은 조직 전체의 존망을 좌우할 수도 있다. 그래서 모든 조직은 사람을 선발하는 데 신중하다. 채용 시스템의 골격도 여기에 초점이 맞추어져 있다.

어떤 사람은 조직의 성과에 크게 이바지하지만, 어떤 사람은 성과를 갉아먹는다. 심지어 팀워크를 와해 시켜 분열을 조장한다. 임원들은 인사이동이 있을 때 '저 사람만은 오지 않았으면' 하는 사람이 있다. 인터뷰에 응한 임원들은 피하고 싶은 사람을 크게 네 가지 유형으로 꼽았다.

감정 조절이 안 되는 사람

대기업 전자회사 임원 L

감정 조절에 실패하면 좋은 능력도 인정받기 힘듭니다.

예전 상사 중에 일을 굉장히 잘하는 분이 계셨어요. 그런데 그분은 말이 아주 거칠고, 생각나는 대로 아무렇게나 내뱉었죠. 한 번은 외부 전문가들에게 긴급히 회의 참석을 요청한 적이 있습니다. 그런데 그 상사의 이름을 듣더니 회의에 참석하기 어렵다고 잘라 말하는 겁니다. 결국 참석할 수 있는 전문가를 구할 수 없어 계획된 회의를 열지 못했죠. 하는 수 없이 주제를 좀 더 포괄적으로 바꿔서 다른 분야 사람들로 채워 겨우 진행했습니다. 우리나라 R&D업계는 굉장히 협소합니다. 기업에서 근무하던 사람이 국책 연구소로 가고, 국책 연구소에서 대학교수로 가는 사이클이 계속 돌아가요. 그냥 일반 연구자가 기관장이 되기도 하고, 대학교수가 장관이 되기도 하고, 고생하던 작은 기업의 대표가 업계 주요 인물이 되는 경우도 종종 있죠. 말이 거칠거나 남의 말을 무시하고 자기주장만 내세우면 나쁜 평판(bad reputation)이 돌게 됩니다. 그 평판이 상당 시간이 지나도 사라지지 않는 경우가 많지요. 감정 조절을 하지 못하는 사람은 조직 내부뿐만 아니라 외부에도 나쁜 평판이 전파됩니다. 임원들도 평판이 좋지 않은 사람과 협업하는 것을 꺼릴 수밖에 없어요. 평판이 나쁜 사람과 함께 일하게 되면 자신과 함께 일하려는 사람이 사라질 뿐 아니라 본인의 평판도 함께 나빠지기 때문이죠.

구성원 중에도 감정 조절을 하지 못해 쉽게 흥분하는 사람들이 있다. 흥분하면 말이 거칠어지고, 상대를 무시하거나 모욕하게 된다. 임원으로서 이런 구성원과 함께 일한다는 것은 매우 불행한 일이지만, 그런 사람을 처리할 방법이 마땅치 않다.

민간 통신사 임원 A
미숙한 감정 조절이 약점이 될 수 있습니다.

예전에는 동료였지만 지금은 부하 직원이 된 ○○○ 때문에 고민이 많습니다. 그가 정상적으로 승진하지 못한 데는 감정 조절이 미숙한 이유도 있어요. 본인도 자신의 약점을 알아차리고 늘 조심하려 노력했지만 제가 직속 상사가 된 후 다시 문제 행동들을 보이기 시작했죠. 수년 간 동료로 지내왔으니 말투나 태도가 하루아침에 달라지기는 힘들 수 있어요. 어느 정도는 이해합니다. 하지만 공사의 구분이 필요하지요. 아직까지 저한테 반말하거나 거친 언사를 하는 것은 본인에게도 도움이 안 될 겁니다. 다른 직원들과 관계도 있는데, 하루빨리 관계를 정립하는 것이 업무 수행에 도움이 된다고 생각합니다. 더 큰 문제는 회의 같은 공식적인 자리에서까지 적절치 못한 태도를 보이는 것입니다. 가능하면 따로 불러서 주의를 시키지만 수용할 때도 있고 반발할 때도 있어요. 이런 행동이 반복되면 공개적인 자리에서 경고해야 할지, 아니면 스스로 변화할 때까지 기다려야 할지 고민입니다.

인간관계에서 감정을 완전히 배제하고 업무만으로 묶인 관계는 없다. 감정적,

정서적으로 공감대가 형성되어야 업무 능률도 높아지고 성과로 연결되는 것이다. 권위와 지시적 태도로는 사람의 마음을 얻을 수 없다. 팀을 성공으로 이끄는 밑천은 바로 '감정 계좌'가 얼마나 잘 쌓여 있는지, '관계 자본'이 얼마나 잘 형성되어 있는지에 달려 있기 때문이다.

거짓말하는 사람

민간 통신사 임원 A
순간을 모면하기 위한 거짓말로 평생 신뢰를 잃을 수 있습니다.

저는 질문에 거짓말하는 사람을 싫어합니다. 함께 일했던 매니저가 있었어요. 프로젝트 진행 상황에 관한 얘기를 나누다가 "이거 잘 알고 있죠?" 이렇게 중요한 포인트를 짚어주니까 그 매니저는 "예, 잘 챙기고 있습니다." 라고 자신만만하게 대답을 하더니 대화가 끝나자마자 뒤돌아서서 직원들에게 빨리 처리하라고 닦달을 했죠. 저는 디테일하고 데이터 지향적인 사람이라 이런 경우에 팩트 체크(Fact Check)해서 나중에 평가할 때 반영합니다. 다른 직원들하고 이야기해 보면 몇 가지 질문만 해도 이런 사실들은 다 드러나게 됩니다. 순간의 비난을 모면하기 위해 곧바로 드러날 거짓말을 하는 사람은 전혀 신뢰가 가지 않습니다.

바늘 도둑이 소도둑 된다는 말이 있듯이, 작은 거짓말이 쌓이면 걷잡을 수 없는 결과를 초래하기도 한다. 〈엔론〉이라는 기업의 최고경영진들이 자신들의 사리사욕을 채우기 위해 시작한 거짓말이 끝내 기업 전체를 날려버린 적이 있다. 경영진 한 사람, 한 사람의 면모를 보면 역량 면에서는 타의 추종을 불허할 정도의 실력을 갖춘 사람들인데 그 훌륭한 역량을 바람직하게 발휘하지 못했으니 참으로 안타까운 일이다. 우리나라와는 다르게 미국에서는 거짓말에 대한 대가는 엄청나다. 기업의 분식회계나 부정 회계로 인한 사기, 횡령 등의 범죄에 몇백 년 형이 내려지는 것을 보면 이러한 기업형 경제 범죄가 얼마나 큰 범죄인지를 가늠해 볼 수 있다.

오래전부터 많은 기업이 정직을 최고의 기업가치 중 하나로 여기며 직원 선발 과정에서도 이 부분을 눈여겨보고 있다. 가령, 미국의 한 기업은 정직이라는 가치를 평가하는데 이런 질문을 한다. "당신은 자신을 정직한 사람이라고 생각합니까? 만약 그렇다면, 1~10점(10점이 최고점이다)으로 자신의 정직성을 평가한다면 당신은 몇 점이라고 생각합니까?" 만약 당신이 겸손해서 8점 또는 9점 정도라고 한다면 당신의 정직성은 과연 어떻게 평가될까? 사실 정직성에 있어서는 정직한 것과 정직하지 않은 것, 단 두 가지뿐이다.

우리에게 이미 잘 알려진 인도의 영적 지도자 간디와 사탕에 얽힌 일화는 자기 자신에게 아주 사소한 거짓말조차 허용하지 않는 정직한 태도와 행동을 보여준 사례로 정직성에 대해 우리에게 일침을 가하고 있다.

🗄 사내 정치에 몰두하는 사람

사내 정치에 대해 진절머리를 내는 사람이 있는 반면, 어떤 사람들은 '정치도 역량'이라고 말한다. 사내 정치는 옳고 그름의 문제가 아니다. 사내 정치를 할 능력이 없는 사람은 리더가 되지 못할 가능성이 높고, 리더가 된다 하더라도 자신의 역량을 충분히 발휘하기 어렵다. 임원은 개인의 힘으로 문제를 해결하거나 성과를 올리는 것이 아니라 다양한 자원을 내부와 외부에서 조달하고, 구성원들의 협력을 유도하며, 그들이 성과를 올릴 수 있는 환경을 조성해야 하기 때문이다. 이는 모두 정치력을 필요로 하는 일이다. 더구나 구성원들은 사내에서 정치적 파워가 빈약한 리더를 원하지 않는다. 따라서 사내 정치는 옳고 그름을 떠나 정도의 문제라 할 수 있다.

대기업 전자회사 임원 L

사내 정치꾼의 타겟이 되는 일은 피해야 합니다.

저는 사내에서 정치하는 사람이 피하고 싶은 사람 1순위입니다. 제가 데리고 있던 직원 중에 업무 경험이나 역량보다는 CEO에 대한 충성과 남다른 정치적 감각으로 승진한 사람이 있습니다. 그는 상사에 대한 뒷담화나 가십거리를 이슈화하여 그 사람을 다른 곳으로 전보시키거나 퇴직시켜서 승진 기회를 잡는 사람이었죠. 그런 행태를 말렸지만 오히려 저를 공격 대상으로 삼았어요. 예를 들어, 제 3자가 알면 안 되는 사실을 흘려 모 임원과 제 사이를 이간질하고, 노조를 동원하여 CEO와 저에 대한 오해를 만들기도 했죠. 그런데 CEO가 그를 더 신뢰하는 상황이라 제가 어찌해 볼 대안을 찾지 못했어요. 결국 제가 다른 곳으로 연수를 가게 되었습니다. 연수를 마치고 복귀한 후 한직으로 발령을 받았습니다. 회사에서도 매우 이례적인 일이었죠. 나중에 알고 보니 그 친구가 저에 대한 부정적인 정보를 수집하여 부사장에게 꾸준히 알렸고, 그로 인해 그런 인사 조치가 내려졌다는 것을 알게 되었습니다. 이후 CEO는 저에게 당분간 업무를 하지 않아도 좋으니 전면에 나서지 말라는 경고성 당부를 했습니다. 상사와의 관계에서 불확실한 지시보다도 더 불편한 것은 사내 정치와 보이지 않는 견제입니다.

자기만 아는 이기주의자

대개 직장생활을 오래 할수록 개인보다는 조직을 먼저 생각하는 경향이 강하다. 하지만 조직에는 늘 자기의 이익만 챙기려는 이기주의자들이 존재한다.

중견기업 제조회사 임원 J

조직보다 개인의 이익이 먼저인 사람은 트러블 메이커가 되기 쉽습니다.

30년 이상 직장생활을 하다 보니 나보다는 조직이라는 생각에 항상 젖어 있어요. 그러다 보니 개인의 이익이나 명예를 좇는 사람, 혹은 조직보다 자신을 먼저 챙기는 사람은 저와 잘 맞지 않아요. 또 자기주장이 심한 사람과 대화를 할 때 에너지 고갈이 심해요. 한마디로 진이 다 빠지는 느낌이죠. 회사 생활은 결국 다양한 문제 해결의 연속이기 때문에 문제를 해결하려면 서로 접점을 만들어 주고받아야 합니다. 그런데 일방적으로 대화하는 사람과 일하기가 참 힘들어요. 함께 일을 해야 할 때 자기 방식을 고집하고 상대를 무시합니다. 같이 일할 때 모든 것을 자기 실적으로 만들려는 사람이 있어요. 이런 사람과는 함께 일하고 싶지 않습니다.

우리에게 스테디셀러로 잘 알려진 〈성공하는 사람들의 7가지 습관〉의 저자인 스티븐 코비에 의하면, 상호 의존할 수 있는 조직 구성원들로 이루어진 조직이 효과성이 높다고 한다. 여기서 상호의존이란, 각 조직 구성원의 업무 독립성이 높을 때 가능하다. 독립적이고 주도적인 각각의 조직 구성원들이 서로 윈윈(win-win) 관계를 만들기 위해 시너지를 낼 때 비로소 그 조직은 높은 생산성과 효과성의 두 마리 토끼를 잡을 수 있는 것이다.

BEING AN EXECUTIVE

제 12 장

임원으로
살아남기

Q 임원은 CEO와 어떤 관계여야 합니까?

임원은 늘 긴장하고 항상 스트레스를 받는다. 임원들에게 스트레스를 안겨주는 사람은 단연 CEO다. 특히 임원들은 이미 확정한 사업계획을 CEO의 말 한마디에 의해 바꿔야 할 때 힘들어했다.

중견기업 제조회사 J 상무

시장 상황과 CEO의 의견을 조율할 수 있어야 합니다.

사업계획을 수립할 때 CEO와의 이견 때문에 자리를 피하고 싶은 순간이 한두 번이 아니에요. 임원은 실무에 대한 최종 책임자로서 시장 상황을 반영하여 합리적인 목표를 수립합니다. 그런데 그것을 CEO가 받아들이지 않을 때 어떻게 설득해야 할지 난감해요. 기업에 따라 다르겠지만 조직의 목표는 CEO의 의지가 20~30% 정도 반영돼요. 임원은 실무 책임자들의 의견과 시장 상황, 구성원들의 역량을 고려하여 목표를 설정하죠. 그런데 시장 상황을 가장 잘 아는 사람의 의견을 무시하고 CEO가 힘든 목표를 제시할 때 굉장히 불편한 상황이 됩니다. 특히 시장 상황이 좋지 않을 때는 CEO에게 상황을 이해시키고 목표설정의 근거를 마련해야 해서 더욱 힘듭니다.

CEO가 자신을 배제한 채 구성원들과 직접 소통할 때도 매우 난감하다고 말한다.

반영하기 어려운 CEO의 지시 사항을 중재해야 합니다.

CEO가 나를 건너뛰고 팀원에게 세부 사항을 지시하거나 내가 내린 지시 사항과 다른 방향으로 지시하는 경우가 있어요. 이럴 땐 정말 난감하죠. 상황을 빨리 인지했을 때도 가능한 CEO의 지시 사항을 반영할 수 있도록 진행하지만, 도저히 반영하지 못할 수도 있습니다. 그런 경우에는 현황 및 비교 자료를 만들어 CEO에게 보고하여 지시 사항을 변경할 수밖에 없어요. 그럴 때마다 같이 일하는 것이 불편하고 아쉽다는 생각이 들죠.

대기업의 경우 새로운 CEO가 부임할 때마다 관계를 재설정하는 것도 임원들이 힘들어하는 것 중 하나다. 새로 부임한 CEO의 성향과 의사결정 방식, 리더십 스타일을 사전에 파악해야 하고, 내가 어떤 사람인지도 보여줘야 하기 때문이다. 새로운 CEO가 올 때마다 커뮤니케이션 스타일을 파악하고 자신의 능력을 입증하는 것은 CEO와 원만한 관계를 형성하는 지름길이다.

Q 실패를 피해 갈 수 있을까요?

임원이 되는 것은 모든 직장인의 꿈이지만, 막상 임원이 되면 로망들은 금방 깨진다. 많은 사람이 임원으로 승진한 후 정해진 임기만 채운 후 자리를 내려놓는다. 이들은 왜 그토록 꿈꾸던 성취를 이루어 놓고 중도 하차 하는 것일까? 그들은 왜 실패하는 것일까? 임원으로 승진할 정도가 되면 기본 자질은 모두 갖추었다고 볼 수 있다. 역량에서는 큰 차이가 없다는 말이다. 물론 조직 내부의 변화나 외부 환경에 의해 자리를 내놓아야 하는 때도 있을 것이다.

임원들이 경계하는 첫 번째 실패 요인은 도덕성의 결여이다.

리더에게는 상식적인 수준보다 더 철저한 윤리적 가치관과 태도가 요구된다. 돈과 사람에 관련된 것은 투명하게 관리하고 원칙에서 벗어나지 않아야 한다. 또 사회적으로 용납되지 않는 언행을 하지 않아야 하고, 실수를 했다면 솔직하게 실수를 인정하고 재빨리 교정해야 한다. 적당히 덮거나 변명으로 일관하면 더 큰 나락에 빠질 수 있다.

임원들이 경계하는 두 번째 실패 요인은 역량 부족과 성과 창출의 실패이다.

기업에서는 성과를 내지 않으면 존재 가치를 인정받지 못한다. 지속적인 성과를 내려면 업무에 대한 전문성은 물론 외국어 능력 등 자기 계발을 게을리해서는 안 된다. 운 좋게 본인의 능력을 잘 포장해서 임원이 된 사람은 1년을 버티기 힘들다. 선수들이 뛰는 그라운드에서는 금세 실력이 드러나기 때문이다. 기회를 얻기 위해 단기간에 존재감을 과시할 때도 있지만 너무 조급하게 성과를 보여주려는 것이 오히려 악수가 될 때가 많다. 단기간에 성과를 재촉하다 보면 구성원들과 갈등을 빚을 수도 있다. 지속적인 성과를 내려면 끊임없는 자기 연마가 필요하다.

대기업 전자회사 임원 L

회사의 이익에 맞는 의사결정을 실행하는 것이 더 중요합니다.

저는 전문대를 졸업하고 사이버대학에서 학사 학위를 취득했어요. 이후에 MBA에 진학해서 학위를 취득했죠. 저를 업그레이드하면서 한 계단 한 계단 올라갔어요. 기술개발은 자기 계발과 또 달라요. 고객이 선택하고 싶은 기술인가가 더 중요하죠. 즉 회사의 이익에 기여하는 기술인지를 살펴야 해요. 열심히 일하는 것도 중요하지만 회사의 이익 관점에서 의사결정하고 실행하는 것이 더 중요합니다. 그런 관점으로 보면 지속적인 성과를 낼 만한 일들을 찾아낼 수 있습니다.

임원들이 경계하는 세 번째 실패 요인은 나쁜 평판이다. 평판은 신뢰와 연결된다.

주위에서 혹은 구성원들에게 나쁜 평판을 받는 이유는 대개 조직보다 자신의 이익을 먼저 생각하기 때문이다. 임원 승진에 탈락한 사람 중에는 좋은 평판을 얻기 위해 몇 년 동안 노력해서 결국 임원이 된 사람도 있다.

금융회사 임원 J

좋은 이미지는 좋은 평판을 만듭니다.

평판을 관리하기 위해 윗사람에게 보고할 때 보고 대부분을 제가 맡아서 했어요. 다른 사람이 어려워하는 보고까지 떠안아 상사와 동료들을 대상으로 제 이미지를 관리한 거죠.

임원들이 경계하는 네 번째 실패 요인은 리더십 부족이다.

실무자일 때는 뛰어난 역량을 보여주었는데 막상 리더로서 책임을 맡겨보면 기대와 다른 결과를 보이는 사람이 있다. 이론과 논리는 충분한데 실행력이 없기 때문이다. '구슬이 서 말이라도 꿰어야 보배' 라는 속담이 있다. 아무리 좋은 계획과 전략도 행동으로 옮기지 못하면 아무 소용이 없다. 중요한 것은 실행력이다. 하지만 시작이 좋다고 반드시 끝도 좋은 것은 아니다.

글로벌 IT회사 임원 K
실행은 시작을 의미하는 것! 끝까지 긴장해야 합니다.

동시다발적으로 여러 개의 프로젝트를 진행한 적이 있어요. 거의 마무리 단계에 접어든 계약 건은 다른 회계 담당 매니저한테 위임하곤 했죠. 그런데 마음을 놓고 있던 계약이 마지막에 다른 회사로 넘어가고 말았어요. 당시 그 프로젝트는 대기업과 진행된 엄청난 계약이었죠. 그룹의 오너가 직접 확인 레터도 보내줄 만큼 서명만 앞두고 있었는데 마지막 단계에서 경쟁사에 계약을 빼앗긴 거예요. 실행은 시작을 의미하는 것이 아니라 하나의 프로세스를 완성하는 전 과정을 의미합니다. 끝날 때까지 끝난 게 아닙니다.

Q 임원으로 롱런하는 법이 있을까요?

🗂 경쟁자 관리

경쟁자를 관리하는 전략도 임원이 되기 위한 중요한 일 중 하나이다. 임원들은 경쟁자를 어떻게 대하고 자신과 맞지 않은 사람과는 어떻게 일할까? 임원들은 경쟁자일수록 서로 접촉할 수 있는 빈도를 높여야 한다고 말한다. 상대와 경쟁의식을 가지고 있다는 것은 자신과 공동의 목표를 가지고 있다는 것을 의미한다. 따라서 경쟁자는 목표 달성을 위해 협력해야 하는 관계인 경우가 대부분이다. 그래서 정보를 공유하거나 적극적으로 소통할 필요가 있다. 경쟁자에 대한 인식의 전환이 필요한 것이다. 그래야 본인도 롱런(Long-Run)할 수 있다.

글로벌 IT회사 임원 K

직접 소통하고 설득하다 보면 진심이 닿습니다.

처음 임원이 되었을 때 CEO와 직접 소통하며 일했어요. 얼마 후 제 위로 상사가 오면서 고민이 생겼어요. 새로 부임한 상사와는 성격이 맞지 않았거든요. 다행히 바로 옆방에 사무실이 있어서 많은 대화를 나누게 됐고 나중에는 서로 호형호제하는 사이로 발전했어요. 어느 날 상사가 뜻밖의 말을 제게 했어요. "우린 최고경영자를 보좌하는 사람들로서 서로 의견이 다를 수도 있습니다. 만일 의사결정을 하는 데 있어서 갈등이 생기면 나는 주저 없이 내 생각을 말할 것입니다. 당신도 당신 생각을 말하세요. 만일 당신이 나를 설득하지 못하면 나를 건너뛰고 CEO를 설득하십시오. 당신의 의견과 CEO의 의견이 같으면 나는 그 의견을 지지할 겁니다." 저는 상사의 말이 고마웠어요. 그때부터 의사를 결정할 때마다 수시로 'CEO라면 어떻게 했을까?'하는 질문을 던졌죠. 다른 사람의 관점에서 생각하며 제일 좋은 결과가 무엇인지를 늘 생각하는 훈련을 하게 됐어요.

경쟁자를 경계하고 관리하는 데만 신경 쓰면 그게 바로 사내 정치다.

또 경쟁자를 지나치게 의식하면 치졸한 사람이 되기 쉽다. 상대방을 이기기 위해 그 사람에 대해 자꾸 탐문하게 되고, 그 사람의 약점을 찾게 되기 때문이다. 경쟁자의 약점을 눈에 띄게 해 넘어뜨리면 결국 후배 육성도 안 되고 조직도 비전을 잃게 된다. 경쟁자끼리 알력이 생기면 협업이 안 될 뿐 아니라 성과에 집중하지 않고 서로 쓸데없는 일에 에너지를 낭비하게 된다. 경쟁자가 아니더라도 찜찜하게 늘 마음에 걸리는 사람이 있다. 그런 사람과의 관계는 어떻게 해야 할까?

글로벌 IT회사 임원 K
솔직한 피드백이 나와 상대를 위해서 필요합니다.

지금까지 함께 일하던 사람을 정리하는 일을 딱 한 번 해봤어요. 정말 힘들었어요. 저랑 같이 일하는 친구 중에서 진짜 역량이 안 되는 친구가 있었는데, 이 친구를 어떻게 해야 하나 고민이 많았어요. 결국 다른 부서로 보냈는데 당사자에게는 새로운 업무를 맡을 기회인 것 같다고만 말했어요. 지금도 약간 후회가 돼요. 나와 맞지 않는 사람과 함께 일하기 힘들 때는 그 이유를 상대방에게 솔직하게 얘기하는 것이 필요하다고 생각해요.

임원으로서 존경받으려면 인간적인 측면에서의 존경과 능력에 대한 존경을 두루 갖추어야 한다. 만약 두 가지 중에 하나를 선택해야 한다면, 기업에서는 당연히 능력에 대한 존경이 좀 더 큰 비중을 차지할 것이다. 하지만 여성 임원은 능력적인 측면이 무시되는 경향이 아직도 크다. 사내 정치력이 부족하다는 이유이다.

대기업 IT회사 임원 J

여성 임원으로서 롱런하려면 사내 정치도 필요합니다.

존경받는 리더가 되는 것이야말로 가장 어려운 도전이죠. 예전 직장 선배 중에 여성 한 분이 임원으로 승진한 지 1년 만에 잘렸어요. 그분은 자신의 전공 분야에서 탁월한 능력의 소유자였는데 진행하던 사업 부문이 정리되면서 맡았던 과제가 사라졌어요. 이를 빌미로 회사에서 그 선배를 그만두게 했어요. 한편으로는 이해가 되는 일이지만 그 이후 다른 상황을 보면 그 여성 임원이 남성이었다면 상황이 다를 수 있을 거란 생각이 들더군요. 남성 임원은 맡고 있던 사업이 축소되거나 정리되더라도, 심지어 주어진 과제를 여러 번 실패해도 새로운 사업 분야에 배치되는 경우가 많았거든요. 여성 임원은 사내 정치력이 없었던 게 가장 큰 요인이었을 거예요. 임원으로서 롱런하려면 어느 정도 사내 정치가 필요합니다. 사내 정치가 특별한 것은 아니에요. 여러 유관 부서와 좋은 관계를 유지하면서 업무 협조가 필요할 때 적극적으로 도와주는 겁니다. 그래야 내가 필요할 때 다른 부서의 도움을 받을 수 있어요. 물론 실력과 실적은 당연히 갖추고 있어야 하죠. 기술적인 최신 동향을 읽을 수 있고 흐름을 볼 줄 알아야 합니다.

💼 신뢰와 존중 쌓기

구성원들에게 존경받기 위해서는 구성원 개인에 대한 이해를 바탕으로 신뢰와 긍정의 신호를 계속 보내야 한다. 구성원들을 신뢰하고 대화하면서 합의된 전략에 대해 경영층의 합의를 이끌어 내야 한다. 또 합의된 전략을 기초로 사업의 성과를 창출하여 회사의 이익에 기여해야 한다. 회사의 현황이나 정보를 구성원들과 공유하는 것도 중요하다. 구성원들이 임원 수준의 구체적 정보를 공유하고 있다는 것을 일깨우고, 목표 달성을 위해 구성원들의 동기를 유발하는 조직 운영 능력도 갖추어야 한다.

대기업 전자회사 임원 K
신뢰는 구성원을 존중하는 태도에서부터 나옵니다.

구성원들에게 신뢰와 존경을 받을 수 있는 조건으로 풍부한 경험과 통찰력, 전략적 사고, 문제 해결 능력과 같은 기본 역량을 꼽습니다. 무엇보다 중요한 것은 기본 역량을 갖춘 상태에서 보여주는 일관된 언행, 신뢰를 바탕으로 한 업무지시, 그리고 구성원들을 존중하는 태도입니다.

임원은 사내 정치나 보이지 않는 경쟁 세력들의 견제에 잘 대응해야 한다.

임원은 사내 정치나 보이지 않는 경쟁 세력들의 견제에 잘 대응해야 한다. 경쟁자의 견제에 대응하고 그들의 공세를 무력화할 수 있는 최고의 방법은 구성원들로부터 신뢰를 얻는 것이다. 어떻게 신뢰를 쌓을 수 있을까?

중견기업 전자회사 임원 H

진정성을 가지고 한 말은 진심으로 와닿습니다.

저는 여러 가치 중 진정성(integrity)을 가장 중요하게 여깁니다. 저를 속이지 않는 거죠. 임원으로 일하면서 구성원들에게 쓴소리를 할 때도 있었지만 가능하면 그들이 저를 인간적으로 따르도록 노력했어요. 오래전에 만난 동료들을 지금도 만나요. 진정성으로 관계를 맺었기 때문에 이어지는 인연이죠. 진정성에 있어서 가장 많이 생각나는 사람은 제가 처음 영업을 시작했을 때 제 손으로 처음 뽑았던 사람이에요. 가리고 가려서 뽑았던 사람이죠. 연배가 비슷했는데, 그 당시에 사적인 자리에서는 저를 형님이라고 부르며 깍듯이 대했어요. 나중에 그 친구와 헤어지면서 이렇게 물었어요. '함께 일한 지 오래되었는데, 너한테 나는 어떤 상사였니?' 그랬더니 그 친구가 '아, 좋은 분이죠. 저한테 잘해 주셨는데요.' 라고 형식적으로 답하는 거예요. 그래서 그런 거 말고 안 좋았던 점을 말해 달라고 요청했죠. 그랬더니 제가 굉장히 까다로운 사람이라고 하더군요. 그러면서 속에 담아 두었던 솔직한 피드백을 해주었습니다. 그 친구의 말을 들은 후에 좀 더 나 자신을 성장시키려고 노력했죠. 저는 그게 진정성이라고 생각해요. 퇴직 후에는 후배가 오너인 회사에서 대표이사로 일했죠. 후배 밑에서 일하는 것이 썩 내키는 일은 아니죠. 하지만 제 일에 충실히 임했습니다. 그것이 제 역할이니까요. 열린 마음을 가지고, 그 안을 진정성으로 채우면 신뢰가 쌓입니다.

대기업 전자회사 임원 K

존중받은 구성원은 리더를 온전히 따르게 됩니다.

상대방에 대한 신뢰와 존중 덕분에 좋은 결과를 얻은 적이 있어요. 상무에서 전무로 승진했을 때 CEO가 축하 전화를 걸어왔어요. 공식적인 발표를 하기 전이었죠. 그동안 CTO를 맡길 사람을 쭉 보아왔는데, 주변 사람들이 저에 대해서 잘 모르는 것 같았다면서, CEO가 봤을 때는 조직을 이끄는 리더십이나 사람 관계, 문제를 해결해 나가는 데 있어 저만큼 능력을 갖춘 사람이 없다고 말씀해주셨죠. 또 연구개발담당 임원은 기술적으로도 뛰어나야 하지만 리더십과 대인관계 능력도 매우 중요하니 임원이 되기 충분하다고 하셨어요. 임원으로서 CEO에게 가장 듣고 싶었던 말을 그날 한꺼번에 다 들었습니다. 그때 들었던 CEO의 말을 오랫동안 간직하고 싶어 메모까지 해놨어요. 세월이 흘러 제가 퇴임할 때에 구성원들이 만들어준 감사패에도 비슷한 내용이 적혀 있었어요. 제게 붙은 별명은 '부드러운 카리스마'였어요. 상대방을 인간적으로 대하면서도 일만큼은 빈틈이 없다는 뜻이라고 합니다. 아마도 신뢰와 존경을 한 몸에 받을 수 있었던 비결이었겠죠.

관계 형성 능력과 공감 능력은 롱런의 필수조건입니다.

임원으로서 롱런을 위한 조건은 두 가지입니다. 첫째는 자기 인식 능력이고, 둘째는 관계 형성 능력이에요. 관계를 형성하는 능력은 공감 능력에 바탕을 두고 있어요. 조직에서 공감 능력은 상대의 가치를 알아보고 존중하는 것으로 나타납니다. 좋은 관계를 맺으려면 공감과 소통 능력이 뒷받침되어야 해요. 하지만 그 이전에 명심해야 할 것은 적을 만들지 말아야 한다는 것입니다.

대기업 전자회사 임원 K

웃으면서 마지막 인사를 하는 최초의 임원이 됐습니다.

임원이 됐을 때 집사람한테 얘기했습니다. 1년짜리라고 생각하고 그동안만 충분히 기뻐하고 즐기라고요. 그런데 다행스럽게도 1년이 지나고도 계속 임원으로 남아 있었죠. 9년 동안 임원으로 있으면서 성공했다 싶어요. 그 때문인지 제가 퇴임할 때 아내는 별다른 동요 없이 잘 받아들였어요. 저 역시 퇴직에 대한 부담감은 없었죠. 언제든지 1년으로 마감될 수 있다는 생각을 해왔으니까요. 임원이 될 때도 특별히 노력한 것도 없고, 자리에 연연하지도 않았습니다. 제 성격이 무던한 편이어서 그런 거 같아요. 퇴임을 통보받던 날이 기억납니다. 대표이사와 만나서 차를 한잔했는데 그때 대표이사가 이런저런 이유로 그만두어야 한다고 통보를 하더군요. 담담하게 받아들였어요. 오히려 제가 대표이사 손을 잡으면서 그동안 제게 일할 기회를 주고 지원해 주셔서 너무 감사했다고 말했죠. 인사를 하고 나오는데, 같이 있던 인사팀장이 저 같은 사람은 처음 보았다고 하더군요. 그때까지 퇴임한 임원이 한 40명 정도 되는데, 제가 웃으면서 마지막 인사를 한 유일한 임원이라고 했습니다.

인터뷰에 응한 임원들은 모두 자신이 지나간 자리가 아름답길 바랐다. 훗날 후임자들이 "저 선배는 참 괜찮았어!" 라는 평가를 받을 수 있는 사람이고 싶어 했다. 성과는 좋았는데 임기가 끝나고 그 임원이 담당했던 사업이 망가지는 사례도 있다. 자기만 잘하고 후배들을 육성하지 않았거나 조직을 망가뜨려 놓는 경우다. 자신이 지났던 자리가 아름다워야 진정 훌륭한 리더로 남을 수 있다.

후배들에게 남기고 싶은 한 마디

Q **후배들에게 마지막으로 남기고 싶은 말은?**

첫째, 내 위에 있는 리더의 입장에서 생각하라.

과장이면 부장처럼 생각하고, 부장이면 임원처럼 생각하라는 것이다. 자기보다 한 단계 위에 있는 사람의 관점에서 매사를 바라보고, 생각하며 고민하는 것이다. 이런 식으로 생각하는 연습을 하다 보면 어느새 조직을 바라보는 관점이 넓어지고, 자연스럽게 임원이 되는 길을 가고 있음을 느끼게 된다.

둘째, 항상 배움의 자세를 유지하라.

내가 살아온 삶의 방식과 앞으로 후배들이 살아갈 시대의 삶의 방식은 다를 것이다. 그러나 변하지 않는 한 가지는 항상 자신의 부족함을 깨닫고 배움의 자세로 열심히 노력하고 자기관리를 하는 것이다. 누군가를 리드하는 자리에 가려면 모르는 상태에서는 이끌고 갈 수 없다. 항상 배운다는 자세로 자신과 조직을 생각하면 좋겠다. 겸손한 마음으로 자기관리를 하고 조직을 위해 때로는 자기희생도 필요하다.

셋째, 너 자신을 알라.

임원은 직장인의 로망이다. 임원이 되겠다는 목표가 있다면 자신을 객관적으로 평가할 수 있어야 한다. 평가를 마친 뒤에는 1년 후, 5년 후, 10년 후에 내가 어떻게 변하겠다는 목표를 명확히 설정하고 계획을 수립하고 실행하는 것이 중요하다. 임원의 삶은 생각보다 행복한 삶이 아니다. 삶을 행복하게 만들 것인가, 아니면 불행하게 만들 것인가는 온전히 자신에게 달려 있다.